facchinetti

facchinetti

Donato Mello Júnior

ART EDITORA LTDA
São Paulo

EDITORA RECORD
Rio

1982

Editor:
Marcos Antonio Marcondes
Fotógrafo:
Rômulo Fialdini
Revisor:
N. Nicolai
Capa e Planejamento Gráfico:
Tebaldo Alberto Simionato

Copyright © 1982 by Art Editora Ltda./
Editora Record S/A

Direitos desta edição:
DISTRIBUIDORA RECORD DE SERVIÇOS DE
IMPRENSA S/A
Rua Argentina, 171 -
20921 - Rio de Janeiro - RJ.

Donato Mello Júnior

Nicolau Antônio Facchinetti, ou simplesmente Facchinetti, é um artista conhecido principalmente pelo colecionismo e pelo mercado de Arte, através da sua obra, na qual criou um tipo de paisagem admirada e valorizada pelos apreciadores do gênero.

No caso, a obra sobrepujou uma vida relegada ao esquecimento.

Curiosa dicotomia: a obra de arte, uma vez criada, adquire independência face ao seu criador, principalmente se este criador não viveu intensamente, se sua vida não foi sofrida, dramática, romântica e mesmo trágica ou até lendária.

O público vibra com as vidas vividas fora da rotina burguesa, muitas vezes vazia e fútil, e se comove com as dominadas por conflitos, por incompreensões, ou as aureoladas de grandeza, de mistérios ou lendas, isto é, as projetadas fora da escala humana comum. A sociedade aceita os artistas como seres dotados de uma supersensibilidade que os diferencia do comum dos mortais. A vida e a obra de um Leonardo da Vinci, de um Miguel Ângelo, de um David, de um Chopin, de um Van Gogh, de um Gauguin, de um Tchaikowski, de um Picasso, de um Almeida Júnior, de um Aleijadinho, vivem juntas. A vida do artista é aceita com algo de novela, de drama ou comédia, e vivida fora dos cânones convencionais. A arte popular parece fugir a este enfoque e é normalmente anônima. Parece difícil ao público conceber um grande artista na sua escala, na sua linguagem, nos seus conceitos, na sua imagem, ou como um ser comum e rotineiro.

Mas há artistas dentro da escala humana, com a mesma linguagem e os mesmos conceitos ou convenções da sua coletividade. O grau de sensibilidade ou paixão artística os diferencia.

Facchinetti não tem a sua vida e a sua obra fundidas num todo. Ao que parece, viveu simplesmente como muitos mortais, num viver pouco colorido, sem contrastes e sem ruídos, numa vida que o povo esquece sem esquecer a obra e o nome, até que alguém curioso descubra, na estrada do tempo, os vestígios de sua passagem.

Nossa tentativa, além de estudá-lo, será também a de fundir a sua vida na sua obra, razão desta pesquisa em que se buscam desconhecidos caminhos palmilhados, em que se procuram folhas de um diário e se tenta reencontrar pedaços do seu lado humano.

Facchinetti, ou melhor, Nicolau Antônio Facchinetti é um artista que julgamos, como muitos outros, digno de juntar à obra a sua vida. Tentaremos apenas esboçá-las até que alguém possa pintá-las com as minúcias de suas paisagens tão características.

As pesquisas e os dados, ora colhidos, apenas nos permitem o esboceto de uma vida e de uma obra. Falta ainda reencontrar muitas folhas do livro do seu destino.

A origem e a chegada

Facchinetti é um nome encontradiço em enciclopédias e dicionários estrangeiros ao registrarem artistas, talvez ancestrais do nosso pesquisado. Os próprios verbetes não nos dão uma seqüência genealógica. E. Bénézit registra dois nomes Giuseppe Facchinetti, um de Veneza e outro de Ferrara, Itália, os dois do século XVIII. Há um outro Facchinetti, de nome Pietro, também pintor, nascido em Veneza no século XVII, com vivência na França. O nosso Nicolau Antônio Facchinetti, do dicionarista francês, apenas mereceu um curto verbete: "Facchinetti (Nicolau Antônio), peintre de paysages, XIX siècle (Ec. Ital.). Prix - Londres - V.te du 12 novembre 1974: La baie de Rio de Janeiro - L 1.500." Apenas isto e nenhum dado biográfico.

Estas minguadas linhas apontam uma tela vendida em Londres. Ainda não conseguimos apurar seu comprador, que nem sabemos se é brasileiro.

A *Enciclopedia universale dell'arte* registrou o segundo Giuseppe Facchinetti como "(...) quadraturista di scuola ferrarese allievo del Ferrari".

A. M. Comanducci registra um Carlo Facchinetti e mais um Giuseppe, florentino nascido em 1870, natural de Bolvere (Bergamo), em 1893.

O nosso Nicolau Facchinetti, segundo todos os autores, é italiano de Treviso, nascido em 7 de setembro de 1824, com três anos de estudos em Veneza. Por motivos políticos não especificados, Facchinetti se expatriou após a revolução italiana de 1848 contra a dominação austríaca, vindo para o Brasil. Aportou no Rio de Janeiro em 16 de novembro de 1849, tendo viajado a bordo do brigue sardo *Rosa*, vindo de Gênova. Conseguimos comprovar isto em pesquisa no *Jornal do Comércio*, do dia 17, tendo desembarcado provavelmente nesse dia, um sábado. Com ele viajaram alguns ingleses e uma quinzena de italianos de outros sobrenomes.

De suas primeiras andanças pelo Rio de Janeiro nada se sabe, nem do seu registro de entrada.

Qual a razão do seu destino para o Rio de Janeiro? Uma interrogação. Apenas podemos nos lembrar de um José Facchinetti, músico no Recife, na década de 1840, autor de várias peças musicais, uma delas, um hino, dedicado ao casamento de D. Pedro II. Qual seu relacionamento ou parentesco com o nosso pintor? Nada apurado até agora. Sabe-se que começou a trabalhar em 1838-1839 na Bahia, de onde passou para Pernambuco, existindo atualmente um ramo baiano do mesmo sobrenome, talvez descendentes.

Recentemente este músico foi mencionado pelo padre Jaime Diniz no livro *Notas sobre o piano e seus compositores em Pernambuco*.

Chegou Nicolau Antônio Facchinetti à Corte Fluminense com seus 25 anos completados há pouco.

É de crer procurasse ele logo exercer seus conhecimentos artísticos, que, aliás, não seriam de profundidade, após o seu breve aprendizado veneziano e sem sabermos ainda como e com quem. No ano seguinte encontramo-lo morando em São Cristóvão e já participando, no fim do mesmo, da Exposição Geral da Academia Imperial das Belas Artes, conforme veremos adiante.

Assinaturas de Nicolau Facchinetti

O ambiente artístico por volta de 1850 na Corte

O Rio de Janeiro polarizava o modesto movimento artístico brasileiro, limitado a algumas encomendas particulares ou oficiais e ao ambiente da Academia Imperial das Belas Artes, dirigida então por Félix-Émile Taunay.

A Academia nascera de sementes plantadas pela famosa Missão Artística Francesa de 1816, e seus últimos remanescentes, na Academia, foram Grandjean de Montigny, professor de Arquitetura, falecido em 1º de março de 1850, e os irmãos Ferrez, Marc, professor de Escultura, desaparecido pouco depois, em 31 do mesmo mês, e Zéphirin, que faleceu a 22 de julho de 1852, professor de Gravura.

Encerrou-se com eles a influência direta do espírito neoclássico francês introduzido pela Missão, na Corte, o qual substituiu no Brasil-Reino as últimas manifestações do nosso barroco e do nosso rococó colonial. Findava também a influência da excelente direção de Félix-Émile Taunay, de 1834 a 1851, quando se jubilou, sendo substituído interinamente pelo arquiteto Jó Justino de Alcântara. Ele foi o consolidador da Academia e seu grande batalhador. Criou as Exposições Gerais de Belas Artes (1840), a Pinacoteca (1843), os Prêmios de Viagens à Europa (1845), organizou o primeiro Catálogo das obras da Academia (1836), sugeriu a criação da cadeira de História das Artes (1848), realizou anualmente as Exposições Gerais de 1840 a 1850, formou vários pintores, realizava regularmente as cerimônias de abertura do ano letivo e de encerramento do mesmo, com distribuição de premiações animadas com seus discursos. Conseguiu ele do Governo, em 1851, autorização para a Academia conceder títulos de Membros Correspondentes a artistas estrangeiros e de Professores Honorários a personagens influentes. O corpo docente no final do seu mandato e os membros da congregação eram, por ordem de antiguidade: Grandjean de Montigny - Arquitetura; Félix-Émile Taunay - Pintura de Paisagem; Manuel de Araújo Porto-Alegre - Pintura de História; Zéphirin Ferrez - Gravura de Medalhas; Marc Ferrez - Escultura; Joaquim Inácio da Costa Miranda Júnior - Desenho. Professores substitutos eram: Jó Justino de Alcântara - Arquitetura; August Müller - Pintura de Paisagem; José Correia de Lima - Pintura de História; Joaquim Cândido Soares de Meireles - Anatomia. Secretariava a Academia o professor Jó Justino de Alcântara.

Em dezembro de 1850, Agostinho José da Mota, aluno de Paisagem, obtinha o cobiçado 6º Prêmio de Viagem, seguindo no ano seguinte para Roma. De lá voltara o pensionista arquiteto Antônio Batista da Rocha, pouco depois aproveitado para professor-substituto de Arquitetura, sucedendo Jó Justino de Alcântara, alçado a lente proprietário em lugar do falecido Grandjean de Montigny.

O *Almanaque Laemmert* de 1849 assim relacionou os artistas profissionais como "Pintores de paisagem e Retratistas": Alphonse Galot, Alfred Martinet, Cavaleiro de Almeida, Louis-Auguste Moreau, August Müller, Campi, E. J. Martin, De Canto, Luigi Stalloni, Francisco Napoleão Bautz, François-René Moreau, João Batista Fróis e Silva, João Maximiano Mafra, Ferdinand Krumholz, Louis-Alexis Boulanger, Lasagna, Louis Buvelot, Paul de Geslin, Manuel de la Penha e Pereira Dias. Facchinetti, em 1850, aparece pela primeira vez no *Almanaque Laemmert* como retratista, ao lado de Agostinho José da Mota, Claude-Joseph Barandier, Cavaleiro de Almeida, Louis-Auguste Moreau, Luigi Stalloni, Francisco de Sousa Lobo, Francisco Napoleão Bautz, François-René Moreau, João Batista Fróis e Silva, João Maximiano Mafra, Louis-Alexis Boulanger e Manuel de la Penha. Citemos ainda, na ocasião, Ferdinand Krumholz e Jean-Baptiste Borely, famoso pastelista.

Paisagem, na época, faziam Alphonse Galot, Alfred Martinet e Lasagna.

Alguns desses artistas se dedicavam ao ensino particular de Desenho e de Pintura.

Não sabemos com quais de seus colegas contemporâneos Facchinetti, de início, se relacionou ou se aperfeiçoou.

Por esta época terminou-se o edifício da Academia, já inaugurado em 1826, com a colocação dos capitéis de bronze das colunas jônicas do pórtico central da fachada, executados pelo fundidor Marcandier.

Como é fácil de observar, o gênero Retrato prosperava por todo o Império. Os artistas pintavam, por encomenda ou não, a sociedade e os membros da Família Imperial. O grande "status" da nobreza e da alta burguesia consistia em apresentar nas suas salas de visitas retratos de seus antepassados, do casal e mesmo dos filhos.

Entrara em voga na época a fotografia com daguerreótipos, hoje tão cotados. E as Exposições Gerais da Academia já acolhiam, há vários anos, a fotografia como uma técnica artística digna de exposição, como hoje.

Os gêneros Paisagem e Natureza Morta, embora cultivados, tinham menos prestígio então. Mas o primeiro foi o preferido pelos artistas itinerantes, empolgados com as paisagens tropicais de que o Rio de Janeiro, com suas belezas naturais, era pródigo, inclusive pelos seus arredores.

Como cidade, o Rio ficava muito a desejar em termos de salubridade, principalmente no verão. Na época, a Corte descobriu os veraneios em Petrópolis, fundada poucos anos antes, em 1843, e onde se construía um palácio de verão para o Imperador (1845-1854).

Mais tarde, Facchinetti lá esteve pintando a tela *Padaria Francesa*, da coleção Luís de Miranda Góis (em 1955), hoje com o colecionador Horácio de Carvalho, que possui outra do mesmo nome. Pintou, entre outras mais, a *Rua D. Afonso*, hoje Avenida Koeller.

O professor Alfredo Galvão, em seus *Cadernos de estudo da história da Academia Imperial das Belas Artes* (6º, Rio, 1964) divulga os nomes dos alunos matriculados entre 1845 e 1854, inclusive os amadores. Segundo os registros da mesma, matricularam-se em 1850 na classe de Desenho 39 alunos regulares e mais 8 amadores. Já na classe de Pintura Histórica matricularam-se 16 e 1, respectivamente. Na classe de Paisagem havia matriculados 16 e 4, respectivamente. Na de Arquitetura matricularam-se 7 regulares, enquanto na de Escultura a matrícula chega a 11 e, finalmente, na de Gravura contavam-se 8.

Neste ano de 1850 houve dois concursos para professores: um, em maio, ganho por Antônio Batista da Rocha para professor substituto de Arquitetura, nomeado em junho; e outro para professor proprietário de Escultura, vencido por Francisco Elídio Pânfiro, em agosto,

e nomeado no mês seguinte. Ambos faleceram jovens ainda: Batista da Rocha em 1854 e Pânfiro em princípios de 1852.

A 11ª Exposição Geral de Belas Artes abriu-se em 7 de dezembro de 1850, inaugurada por SS.MM.II. e julgada pela Congregação de Professores, cujo parecer se comunicou ao Ministro do Império — Visconde de Monte Alegre — por ofício de 3 de janeiro de 1851. Sobressaíram, nesse Salão, os artistas Louis-Auguste Moreau, José Correia de Lima, Ferdinand Krumholz, Jules Le Chevrel, François-René Moreau e Joaquim Lopes de Barros Cabral. Le Chevrel recebeu a Ordem da Rosa, no grau de Cavaleiro, e Louis-Auguste Moreau, a Ordem de Cristo no mesmo grau. Joaquim Lopes de Barros Cabral, professor da Academia, alcançou a medalha de ouro.

Nos meados do século XIX, novos rumos tomaram as Artes na Europa, rumos ou estilos oriundos da Capital das Artes: Paris. Definhava, então, o Estilo Romântico, após uns 20 anos, com suas características de evasão, sonho e sentimentalismo heróico ou patético, quando o mesmo, aqui, começou lentamente, no campo da Pintura, a tratar novos temas em substituição aos assuntos da antiguidade clássica e da mitologia, embora mantida a temática nos concursos para professor e para os dos Prêmios de Viagem. Houvera nova Revolução na França em 1848 e uma outra na Itália: entraram em pauta, desde então, outras tendências ou maneiras de ver e de interpretar novos temas e assuntos ignorados pelo Academismo: surgiu o Realismo com Courbet, Millet e Daumier, estilo aqui ausente por uma geração, pela orientação acadêmica coeva.

Criticava-se a Academia, por exemplo, no *Jornal do Comércio* de 13 de dezembro de 1850, uma semana após a inauguração da Exposição Geral. Alguém, sob o pseudônimo "Artisticus", sentenciou: "A poesia e arte são duas irmãs gêmeas que caminham sempre de mãos dadas pelo mundo". Mas, nas nossas plagas, diz, deu-se o inverso: "(...) entre nós tem sucedido diametralmente o contrário; no Brasil a arte anda sempre deslocada da poesia". E mais: "Por isso, enquanto aquela se apresentava grande, sublime, em Caldas, e em Gonzaga, esta estéril, pouco ou nada fazia; enquanto aquela continua hoje a

Almanaque Laemmert, *de 1869: Revista das Notabilidades profissionais e indusriais do Rio de Janeiro.*
Anúncio de página inteira, multilíngüe, com tabela de preços correntes, do pintor Nicolau Facchinetti, "com gabinete especial de vistas do Brasil, pintadas do natural a óleo".

NICOLÁO FACCHINETTI

COM GABINETE ESPECIAL DE VISTAS DO BRASIL

PINTADAS DO NATURAL A OLEO

15, RUA DA QUITANDA, 15

SPÉCIALITÉ
DE VUES DU BRÉSIL

peintes à l'huile d'après nature.

SPÉCIALITY
OF VIEWES OF BRASIL

drawn to the nature.

SPECIALITÁ
DI VEDUTE DEL BRASILE

ad olio prese dal vero.

ESPECIALIDAD
DE VISTAS DEL BRASIL

pintadas al Oléo, y tomadas del Natural.

Specialität.
Ansichten von Brasilien

nach der Natur in Oel gemalt.

PREÇO CORRENTE.

N. 1. — Pinturas de 55 × 80 centímetros.......	60$000
N. 2. — » de 44 × 56 »	50$000
N. 3. — » de 30 × 45 »	40$000

Pagaveis no Rio de Janeiro ao cambio do dia ou restituição das pinturas.

Faz-se sobre encommendas pinturas de paysagens, de costumes, etc., de todos os comprimentos e a preços commodos.

apresentar-se arrebatadora em Gonçalves Dias, Magalhães, Porto-Alegre, esta continuava fria e rotineira". De fato, a nossa Pintura Romântica veio bem depois do nosso Romantismo Literário, mais cedo assimilado. O crítico parecia ignorar os nossos autênticos valores plásticos antigos.

E continuou sua censura dizendo que "(...) a Academia adormecera em sono de delíquio". Aliás, o crítico também não se entusiasmou com o trabalho do Prêmio de Viagem, então exposto, do qual ajuizou: "O quadro de paisagem é o melhor, sem dúvida; seria para desejar que não estivesse por demais viçoso". Quem era este crítico?

Outro crítico, sob pseudônimo "Z", a 17 de dezembro, indagou pelo *Jornal do Comércio:* "Onde os trabalhos de Porto-Alegre, Pettrich, Barandier, Almeida, Müller, Canto, Stalloni, Taunay?" Também não gostou ele da paisagem de Agostinho José da Mota: "(...) que parece designado para a viagem", como de fato o foi, após o julgamento dois dias após.

Facchinetti, que nela se apresentou pela primeira vez, não foi feliz, como veremos em capítulo adiante.

Na ocasião, o Retrato era o grande gênero e do qual viviam, em boa parte, os artistas. A Sociedade e a Crítica exigiam como qualidade artística a identidade do modelo. Por exemplo, a Academia dizia de Krumholz, por dois de seus retratos então apresentados: "(...) muito parecidos e animados" e de um outro "(...) em que há grande merecimento de ingênua e valiosa imitação da natureza". O crítico "Z", também analisando Krumholz, se expressou: "Sem tirar nem pôr, o melhor retratista que tem vindo ao Rio de Janeiro. Sempre feliz na concepção do modelo, falta-lhe às vezes elevação e torna-se servil copista da verdade. O seu colorido e o seu desenho nem sempre são irrepreensíveis; mas esses defeitos são compensados pela extraordinária semelhança, por um modelado de feições bem acabado e por uma harmonia no todo que pouco deixa a desejar".

Sobre este Salão escrevemos um capítulo em nossa pesquisa, ainda inédita: "As Exposições Gerais da Academia Imperial das Belas Artes no Segundo Reinado. Sua importância artística e a presença de D. Pedro II". Apresentamo-la ao Congresso de História do Segundo Reinado — Seção Artística, promovido pelo Instituto Histórico e Geográfico Brasileiro em 1975, no Rio de Janeiro, sendo aprovada para publicação em seus *Anais.*

Facchinetti, que chegara no ano anterior, deve ter visitado a 10ª Exposição da Academia, inaugurada em 8 de dezembro por SS.MM.II.

Em virtude do aumento do alunado, tratou-se de construir uma galeria para a Pinacoteca, para nela instalar condignamente o seu crescente acervo e melhor apresentar a então chamada Escola Brasileira, obra começada, aliás, em 1854. Para melhor formação cultural, sentiu a Academia necessidade de se estabelecer a disciplina de História das Artes, só criada mais tarde, em 1855, na Reforma Pedreira, quando da direção de Porto-Alegre, mas só começada a lecionar em março de 1870, por Pedro Américo de Figueiredo e Melo, seu primeiro titular. A mesma Reforma aumentou para seis anos o Prêmio de Viagem à Europa.

A sociedade fluminense pelos idos de 1852

Para melhor situarmos Facchinetti no ambiente em que conviveu no início de sua carreira artística na Corte, aliás, mais como assistente, recordaremos um trabalho sério de pesquisa por Francisco Marques dos Santos, estudioso do Rio de Janeiro Imperial, pronunciado como conferência em Petrópolis em 14 de fevereiro de 1941 e, a seguir, publicado na revista *Estudos Brasileiros,* nº 18, do mesmo ano. Trata-se de uma visão bem documentada da vida social da Corte, que intitulou "A Sociedade fluminense em 1852", leitura indispensável para quem queira conhecer melhor o "modus vivendi" de então, numa época de marcantes eventos sociais como eram os saraus e bailes. Trata dos famosos bailes do prestigioso Clube Cassino Fluminense, a que compareciam freqüentemente SS.MM.II. e a fina flor da sociedade, bailes que se realizavam mensalmente. Historiou o grande baile de 31 de agosto de 1852 que SS.MM.II. ofereceram, no Paço da

Cidade, ao Corpo Legislativo. Referiu-se às crônicas mundanas que registraram para a posteridade certos requintes da vida social de então, como as famosas recepções oferecidas anualmente pelos Barões de Meriti nos dias 15 de agosto, grande festa em homenagem a N. S. da Glória do Outeiro, às quais sempre compareciam os Imperadores e toda a alta sociedade.

Trata o autor de outros bailes da temporada de 1852, no Cassino Fluminense: o de 26 de abril, iniciando-a, seguido dos de 24 de julho, 27 de setembro, 21 de outubro e, finalmente, encerrando-a, o de 25 de novembro. Deu ele atenção a outras festas memoráveis, como o baile da Sociedade Beneficência Francesa, o da Associação de Beneficência Portuguesa, o da Sociedade Recreio dos Militares, não esquecendo as festas religiosas e os bailes de Carnaval, bem como a reinauguração do Teatro São Pedro de Alcântara em 18 de agosto de 1852, após o incêndio de um ano antes, evento que contou com a presença de SS.MM.II. e abrilhantado pela Companhia Dramática do famoso ator João Caetano dos Santos.

E por falar em teatro (havia vários), não se pode esquecer, nesse ano de 1852, de que a sociedade se encantou com a grande cantora Rosina Stoltz. Estreara ela no Teatro Provisório a 12 de junho, sendo aliás mui festejada em sua brilhante temporada.

Lembra-nos Marques dos Santos que a sociedade fluminense já se habituara, a seu modo, aos banhos de mar, às regatas, às corridas e ao veraneio de Petrópolis.

Ao finalizar 1852, a Corte viu inaugurar, a 5 de dezembro, o esplêndido Hospital de D. Pedro II, uma das grandes arquiteturas do estilo Império Brasileiro, hoje na posse da Universidade Federal do Rio de Janeiro, com novas e altas funções. Inauguração memorável pouco depois do aniversário natalício do Imperador, dia 2, quando completou 27 anos, um dos dias de gala daquele ano, ambos eventos registrados amplamente pelo *Jornal do Comércio* daqueles dias, com salvas, *Te Deum*, recepção e teatro.

O ambiente mundano de 1850-1852, como de muitos outros anos, não seria o freqüentado pelo nosso jovem Facchinetti, artista ainda sem renome, de poucos haveres e sem nobreza ou posição. Mas ele serviu, depois, a

esta Sociedade com seu talento artístico até o fim do século, retratando-a de início, ensinando e pintando, de encomenda ou não, paisagens urbanas, panoramas longínquos ou vistas rurais de grandes fazendas do Vale do Paraíba, dos barões do café.

Marques dos Santos faz um passeio sentimental pela mais famosa artéria do Rio imperial, a badalada Rua do Ouvidor, eixo da sua vida comercial, jornalística, política e popular, e origem dos boatos e intrigas da Corte. Claro, não se esqueceu de falar das modas, dos móveis, das coisas da China (sedas, louças, leques, marfins, etc.), não deixando de comentar os transportes e a obra industrial de Mauá.

Finalmente, um capítulo que nos interessa de perto: "O ambiente artístico fluminense em 1852", em que Facchinetti é citado "en passant". Leiamos:

"A Academia das Belas Artes funcionava, grandiosa, com suas exposições anuais, regulares.

Na Corte havia os melhores pintores de história, retratistas, paisagistas e cenógrafos, cujos nomes lembraremos: Félix-Émile Taunay, Claude-Joseph Barandier, Louis-Auguste Moreau, François-René Moreau, Louis-Alexis Boulanger, Jules Le Chevrel, François Gonaz, Jean-Baptiste Borely, Afonso Galot, Alfred Martinet e Iluchar Desmons, franceses; Louis Buvelot, suíço; Facchinetti, Gregorio Corelli, André Giuliani e Luigi Stalloni, italianos; Ferdinand Krumholz, austríaco; August Müller e Friedrich Hagedorn, alemães; Manuel de la Penha, espanhol; Francisco de Sousa Lobo, João Maximiano Mafra, José Correia de Lima, Joaquim Lopes de Barros Cabral, Manuel de Araújo Porto-Alegre, Luís Pedro Lecór, João Batista Fróis e Silva, Emílio Constância da Silva Maia, Poluceno Pereira da Silva Manuel, João Inácio da Silva Freitas, Jacó Wlademiro Petra de Barros, Tito Alves de Brito e José dos Reis Carvalho, brasileiros.

Eram pintores, miniaturistas, de retratos sobre marfim: Diogo Luís Cipriano, Pereira Dias, Feulard.

Contavam-se entre os escultores: Ferdinand Pettrich, discípulo de Thorwaldsen, vindo dos Estados Unidos com sua família e seus dois hábeis filhos, o mais velho também escultor. A Ferdinand Pettrich devemos a primeira grande estátua de mármore feita no país e inaugurada em dezembro, no Hospício de Pedro II. Seu ateliê era uma dependência do Paço da Cidade. Esse escultor e seus filhos deixaram-nos ótima coleção estatuária, já em alegorias e figuras, já em bustos ou retratos de gente nossa. Pettrich, ainda bastante esquecido, bem merece uma monografia!

Marc Ferrez foi dedicado e laborioso escultor, além de outros: Honorato Manuel de Lima, Francisco Elídio Pânfiro (falecido nesse ano), Francisco Manuel Chaves Pinheiro, notável artista.

Contávamos ainda com os seguintes escultores formeiros: A. Sanda, Hilário Breissan, José Gory, grande fabricante de figuras e vasos de barro vidrados de branco ou a cor. Como escultor em mármore, especialista em figuras para jardins e cemitérios, destacava-se Joaquim Antônio Afonso Ennes, estabelecido à Rua do Sabão, 138. Escultor e dourador de imagens, Antônio da Conceição Portugal.

Perrin, escultor em marfim, estabelecido à Rua do Ouvidor, 137, fazia belas obras, crucifixos, santos, virgens, etc. Encarregava-se de consertar leques de marfim e madrepérola, com toda a perfeição, sem chapas nem cavilhas de metal.

Esse artista apresentava seus trabalhos às exposições de Belas Artes. Muitas de suas belas imagens de marfim ainda existem no Rio de Janeiro!''

Para os interessados num mais amplo panorama social do Rio do século passado, úteis os livros de Morales de los Rios Filho: *Grandjean de Montigny e a evolução da arte brasileira.* ''O Ensino artístico - Subsídio para a sua história. Um capítulo,1816-1889''e *O Rio de Janeiro imperial.* Não nos esqueçamos do belo livro de Wanderley Pinho, que focalizou a vida mundana do Rio antigo em seu *Salões e damas do Segundo Reinado.* Igualmente, para maior compreensão da época: *Cartas ao amigo ausente,* de José Maria da Silva Paranhos, Visconde do Rio Branco.

Pelo menos no primeiro dos livros citados de Morales de los Rios Filho, Facchinetti mereceu duas passagens: ''Ao lado dos franceses se destacavam os italianos Corelli, Cicarelli, Fasciotti, Stalloni e Facchinetti''; e, mais adiante, este juízo: ''E Nicolau Antônio Facchinetti foi

um paisagista cuja técnica excessivamente minuciosa o tornou inconfundível, proporcionando-lhe uma grande popularidade. Extremamente operoso, trabalhando sempre ao ar livre, ele afirmou, com os seus incontáveis trabalhos, o seu alto valor. *Lagoa de Rodrigo de Freitas* é a tela que faz figurar seu nome no Museu de Belas Artes.''

Marques dos Santos não tratou no seu capítulo, como se viu, da 12ª Exposição Geral da Academia, inaugurada a 16 de dezembro de 1852 por SS.MM.II., sendo diretor Jó Justino de Alcântara, que não pudera realizar a exposição em 1851 por a Academia se achar em obras.

Aliás, este Salão, de importância menor, não teve o comparecimento de Facchinetti.

Relembremos que nesse ano de 1852 realizou-se o 7º concurso para o Prêmio de Viagem, alcançado pelo catarinense Vítor Meireles de Lima, mais tarde uma das glórias da Academia e da nossa pintura, sendo ele uma vocação natural de paisagista.

Passam-se vários anos sem Exposições Gerais até 1859, tendo havido em 1855 a importante Reforma Pedreira, do ensino artístico, ao tempo do diretor Manuel de Araújo Porto-Alegre, a qual as preconizava bienalmente, determinação, aliás, pouco obedecida daí por diante, por várias razões.

A paisagem na Reforma Pedreira

O Decreto nº 1.603, de 14 de maio de 1855, deu novos Estatutos à Academia Imperial das Belas Artes. O ensino compreendia cinco seções, sendo uma delas a Pintura, composta de três cadeiras: Desenho Figurado, Paisagem, Flores e Animais, e Pintura Histórica. Cada matéria era ensinada por um professor especial.

A aula de Paisagem, Flores e Animais é tratada sumariamente na Seção IX, em dois artigos:

''Art. 36 - O Professor de Paisagem ensinará o desenho de sua Cadeira, e fica obrigado a ir com os seus alunos mais adiantados estudar a natureza, e fazer-lhes à vista dela as explicações que forem convenientes.

Art. 37 - Os alunos que pretenderem matricular-se nesta aula deverão mostrar que foram aprovados em Matemáticas Aplicadas, e que freqüentaram com proveito a aula de Desenho Geométrico."

Quanto aos pensionistas do Estado, em Prêmios de Viagens, estabeleceu-se que de três em três anos partiria um, o qual ficaria seis anos na Europa se fosse Pintor Histórico, Escultor ou Arquiteto, e quatro se fosse Gravador ou Paisagista.

Era professor, na época, August Müller (1851-1860), seguido dos professores Agostinho José da Mota (1860-1878), Vítor Meireles de Lima (1878, 1879, 1884).

A Reforma Pedreira, portanto, já preconizava a pintura de ar livre, embora talvez fosse pouco praticada. Coube a Georg Grimm fazê-la rotina escolar em seu curto período de ensino na Academia (1882-1884).

A paisagem brasileira até Facchinetti

A Arte Brasileira, da Colônia aos nossos dias, tem na paisagem um capítulo importante, mas de valor variado. Capítulo iniciado com os primeiros registros iconográficos dos raros artistas ou viajantes dos séculos XVI, XVII e XVIII, apresenta como páginas mais importantes as ilustradas pela Missão Artística do Conde Maurício de Nassau, em que brilhou a figura de um mestre da paisagem, Frans Post (1612-1680), cujo tricentenário do falecimento se comemorou a 19 de fevereiro de 1980, destacando-se as homenagens a ele prestadas devidamente pela Holanda e por Pernambuco.

A obra de Frans Post e de outros artistas da missão nassoviana já é bastante conhecida e divulgada no Brasil e no exterior, graças aos estudos de Souto-Maior, de Joaquim de Sousa Leão, de Joaquim Cardoso, de Argeu Guimarães e de José Roberto Teixeira Leite, no Brasil, bem como aos de Michel Benisovich, de Erik Larsen, de Robert Smith e de W. J. van Balen, no exterior.

Diversas exposições com magníficos catálogos, em anos recentes, atualizaram os conhecimentos sobre a obra da Missão Artística de Nassau, por exemplo, a do Museu Nacional de Belas Artes (1942) e a do Museu de Arte Moderna (1968), ambas no Rio de Janeiro.

Post realizou no Brasil e, posteriormente, na Holanda, para satisfação de clientes ricos, uma pintura de grande sabor artístico e documentário, hoje avidamente disputada pelo colecionismo, que a valorizou sobremodo.

Uma pintura geralmente lisa, em que procura Post captar a paisagem nordestina, principalmente a pernambucana, na qual registra com precisão a perspectiva aérea, a flora, a fauna, os costumes, a arquitetura e até animais, numa visão minuciosa, própria da escola holandesa: uma pintura feita para o burguês compatriota que, além do retrato familiar, gostava de apreciar, em casa, o exotismo de paisagens desconhecidas por ele.

Inicialmente mais simples e mais autênticas, Post, na Europa, tornou-as mais complexas, para sintetizar nelas a vida rural e o ambiente urbano que vivera no Brasil holandês, apresentando-as mais cenográficas, enquadradas por "repoussoirs" de árvores ou palmeiras, num primeiro plano, e com alguns detalhes típicos animando a paisagem: animais e, principalmente, figurinhas humanas. O colecionador brasileiro tem ido buscar na Europa grande parte do seu acervo, como já o fez com as obras de Debret, Rugendas, Nicolas-Antoine Taunay, Conde de Clarac, Benjamin Mary, J. L. Righini, Agostinho José da Mota, etc.

Constitui a obra de Post o orgulho da Fundação Oscar Americano, com oito peças, de Mário Pimenta Camargo, com sete, ambas as coleções de São Paulo, onde, ainda, o Museu de Arte Assis Chateaubriand conta cinco.

No Rio de Janeiro, o Museu Nacional de Belas Artes possui sete no seu acervo, a Cultura Inglesa três, vindos estes últimos da Coleção Lynch. Há ainda o nome do pintor Peter Gilles, menos conhecido, ora sendo melhor pesquisado.

Post não fez escola e quase toda a nossa pintura colonial gira em torno do retrato oficial, de família ou de Irmandade e, predominantemente, da pintura religiosa de tetos, de retábulos ou de cavalete. A paisagem, na época, serve apenas para fundos de retratos, de ex-votos e de cenas religiosas ou alegóricas. Algumas exceções confirmam a regra, como os famosos ovais de vistas cariocas, do Museu Histórico Nacional, atribuídos a Leandro Joaquim, e as pinturas de João Francisco Muzzi, do incêndio e da reconstrução do Recolhimento do Parto, da Fundação Castro Maya. Do século XVIII, lembremos os famosos panoramas do Rio de Janeiro de 1760 e de 1775. Sobre o assunto há um artigo de Gilberto Ferrez publicado no v. 233, de 1956, da *Revista do IHGB*, sob o título "Um Panorama do Rio de Janeiro, em 1775".

Não nos esqueçamos da rica documentação amazônica da Coleção Alexandre Rodrigues Ferreira, da Biblioteca Nacional, hoje divulgada por Edgard Cerqueira Falcão e pelo Conselho Federal de Cultura; nem nos olvidemos do álbum do engenheiro Schwebel, da mesma, sobre o qual já fizemos um estudo, publicado pela revista *Cultura*, n.º 16 (1973), do citado Conselho.

A paisagem, como gênero autônomo, é uma raridade da pintura colonial, como o é a natureza morta, esta última representada nos belos exemplares de Eckhout, do Museu de Copenhague, alguns já exibidos no MAM do Rio de Janeiro.

Com a vinda da Missão Artística Francesa de 1816, há uma renovação de estilo, ou mudança de rumo na nossa arte, com a introdução do Neoclassicismo da Escola de David, que já dera na época napoleônica o melhor das suas produções.

Apesar da mudança de orientação artística que ela nos trouxe, é de se lembrar que o Neoclassicismo chegaria ao Brasil com ou sem a Missão, principalmente após a vinda da Família Real e a abertura dos portos. Aliás, já havia alguns precedentes de tendências classicizantes em nossa Arquitetura.

A Nicolas-Antoine Taunay, pintor de paisagens historiadas e de retratos de família, devemos uma bela série de vistas fluminenses da melhor qualidade; seu colega Jean-Baptiste Debret, pintor de História, além das peças encomendadas pelo 1º Reinado, deixou-nos uma magnífica galeria de nossos usos e costumes, desenhada ou aquarelada, que o tornou, atualmente, o mais popular artista antigo do Brasil. A produção brasileira de Taunay não chegou a fazer escola por ter voltado ele em 1821 à França. Aliás, ele não conseguiu lecionar por aqui, suce-

dendo-o na Academia o seu filho Félix. Debret, por seu lado, lecionou na Academia Imperial das Belas Artes até 1831, tendo preparado uma meia dúzia de discípulos, entre os quais Manuel de Araújo Porto-Alegre, que o ajudou nas exposições da Academia de 1829 e de 1830; este o acompanhou, no ano seguinte, em seu retorno à Europa, onde se aperfeiçoou, sendo discípulo do Barão de Gros, para voltar à Pátria com as idéias da nova escola ou estilo em voga: o Romantismo. Além do retrato e da cenografia, deixou-nos a pintura romântica de várias grutas, algumas, hoje, no acervo do Museu Nacional de Belas Artes.

Das paisagens de Nicolas Taunay, lembremos, do M.N.B.A., as duas excelentes vistas urbanas, cujo ponto de observação foi o terraço do Convento de Santo Antônio, uma voltada para o atual Largo da Carioca e Rua São José e a outra, em direção do Convento da Ajuda, atual Cinelândia, tendo como último plano a entrada da barra.

Documentou-nos ainda a enseada da Glória, a famosa Cascatinha e a Quinta da Boa Vista, em obras de sensibilidade, cor e luz, filiadas ao classicismo do mestre Poussin.

Em 1824, Paris conheceu o primeiro Panorama fluminense, gênero artístico, então em voga, feito por Ronmy, orientado por Nicolas Taunay e baseado nos desenhos enviados por Félix-Émile Taunay, gênero possivelmente ensinado, mais tarde, a Vítor Meireles de Lima, que, no fim do século XIX, realizou três imensos panoramas circulares: o primeiro apresentando o Rio de Janeiro em 1886; o segundo representando a entrada da Esquadra Legal na Guanabara em 1894 e, o terceiro, o descobrimento do Brasil (1900).

Na organização da Academia, Nicolas Taunay seria professor de Paisagem e Debret, de História, separação convencional de gêneros pictóricos, mas ambos dominando-os.

"En passant", talvez seja interessante reler o que preconizavam os Estatutos da Academia, de 1820, quanto à didática da classe de Paisagem, em seu parágrafo 10. "Este gênero de pintura é um dos mais agradáveis da Arte e o vastíssimo terreno do Brasil oferece vantagens aos artistas que viajarem pelas Províncias, fizerem uma coleção de vistas locais, tanto terrestres como marítimas; o Professor desta classe ensinará a teoria e a prática, explicando os preceitos da perspectiva aérea e o efeito da luz nas diversas horas do dia, conforme a altura do sol; por serem muito distintos os quatro tempos do dia; além do estudo dos reinos Animal e Vegetal muito necessários ao Pintor de Paisagem, exemplificará aos discípulos a maneira de pintar as nuvens, árvores, águas, edifícios, embarcações e todos os mais objetos que entram na composição de uma vista terrestre ou marinha.''

Aqui, Debret tornou-se pintor oficial de História, desenhista e aquarelista da vida quotidiana, principalmente, a par de vistas captadas nas suas viagens pelo Sul do Brasil. A Fundação Castro Maya é a feliz detentora de grande parte do seu acervo original, trazido da Europa por seu fundador em 1938. Sua *Voyage pittoresque et historique au Brésil* (1834 e 1839) e os álbuns publicados por Castro Maya e outros registram a sua excepcional importância para o conhecimento iconográfico do Brasil antigo, do primeiro terço do século XIX.

Há alguns anos, retornaram ao Brasil, pelas mãos do ''marchand'' Jean Boghici, mais alguns desenhos seus, hoje dispersos.

À curiosidade dos viajantes e dos desenhistas e às possibilidades da litografia deve o Brasil uma riquíssima coleção de paisagens urbanas ou rurais, hoje avidamente disputada por colecionadores particulares, quer em originais, quer em álbuns publicados, a movimentar ''marchands'', colecionadores e diplomatas no afã de trazer para cá a produção brasileira dos artistas ou viajantes. Rugendas é um deles: sua obra popularizou-se como a de Debret. Além de seus famosos e valiosíssimos álbuns originais, estão sendo estes dois artistas, como alguns outros, divulgados, ora em edições de luxo, ora em obras populares.

Os álbuns tornaram-se objetivo de alguns artistas ou viajantes. Entre alguns deles, hoje raridades bibliográficas, podemos citar os do tenente Chamberlain (1822), de Theremin (1835), de Steinmann (c. 1839), de Planitz (c. 1840), de Pustkow (c. 1845), de Ludwig and Briggs (1845), de Louis-Auguste Moreau (1845), de Bertichen (1856), de Adolphe d'Hastrel (1859), de Sébastien A. Sisson (1859, 1861). Neles a paisagem é uma constante.

Face à demanda, estes álbuns têm sido reeditados em edições fac-similares, de luxo ou populares.

Numerosos estudos sobre artistas que por aqui passaram têm revelado ao público colecionador, estudioso ou popular, em pesquisas documentais, produções hoje em mãos particulares, em museus, em bibliotecas ou em arquivos, divulgadas ainda por diversas exposições enriquecidas por valiosos catálogos.

Thomas Ender, que aqui esteve em 1817, é, talvez, o melhor documentarista da arquitetura fluminense; foi divulgado em 1954 no Rio e em São Paulo, através de magníficas exposições do seu espólio artístico, zelosamente guardado em Viena e posteriormente divulgado no Brasil por Gilberto Ferrez e por Ian de Almeida Prado. Ferrez, especialista em iconografia fluminense, é autor de outros álbuns, além do seu *O Velho Rio de Janeiro*, onde popularizou Ender. Mais recentemente, o mesmo autor voltou à divulgação do mesmo artista em *O Brasil de Thomas Ender. 1817,* numa tiragem para bibliófilos, de 300 exemplares, editada em 1976.

Dele ainda podemos citar o álbum *Aquarelas de Richard Bate*, de 1965, *O Mais belo panorama do Rio de Janeiro*, de W. J. Burchell, de 1966, *A Muito leal e heróica cidade de São Sebastião do Rio de Janeiro*, editado por Raymundo de Castro Maya, em 1965. O citado autor promete ainda uma divulgação da obra de Burchell, cujos originais estão hoje na África do Sul. Dele lembramos ainda *A Iconografia petropolitana,* de 1955, a *Colonização de Teresópolis*, de 1970 (com citações a Facchinetti), e *Pioneiros da cultura do café na era da Independência*, de 1978, todos ilustrados fartamente com paisagens de viajantes ou de artistas aqui radicados.

Raymundo de Castro Maya editou num álbum luxuoso o seu acervo não divulgado na edição original de Debret.

O Banco do Estado da Guanabara reeditou *13 vistas do Rio de Janeiro desenhadas por Desmons*, em 1963, o *Rio do tempo da Coroa*, em 1961, e *O Rio de Janeiro na Maioridade*, em 1964; o penúltimo divulgou raras litos de Benjamin Mary, de Joachim Lebreton e de W. Gore Ouseley e, o último, a reprodução de 12 litos de Carlos Roberto, Barão de Planitz. Todo o conjunto focalizou apenas paisagens fluminenses.

Robert Chester Smith e Gilberto Ferrez apresentaram, em 1960, *Fruhbeck's Brazilian Journey*, publicado pela Universidade de Pennsylvania.

Lygia da Fonseca Fernandes da Cunha, na obra editada pela Biblioteca Nacional, *Lembrança do Brasil - Ludwig and Briggs*, 1970, fez a "Introdução", como também organizou, dois anos antes, o *Catálogo dos desenhos de Thomas Ender*, correspondente ao acervo na referida Biblioteca. A mesma autora publicou ainda *O Rio de Janeiro através das estampas antigas*, no qual catalogou, em 1970, o fundo referente na Seção de Iconografia, em edição da mesma Biblioteca, como também focalizou, noutro trabalho, *Alfred Martinet - Um litógrafo no Rio de Janeiro*, em 1977; em ambos relacionando documentação iconográfica fluminense.

Até países estrangeiros têm publicado obras sobre artistas que por aqui perlustraram, como Emeric Essex Vidal, editado em Buenos Aires, no ano de 1961, com a colaboração de Gilberto Ferrez e de Enéias Martins.

Tivemos oportunidade de divulgar pesquisas sobre Charles Othon Frédéric Jean Baptiste, Conde de Clarac, parisiense que esteve no Rio de Janeiro de 30 de maio a 21 de setembro de 1816. No *Boletim* n? 1 do Museu Nacional de Belas Artes, março de 1962, publicamos o estudo "Desenhos brasileiros do Conde de Clarac", com duas reproduções de vistas cariocas, sépias, mais a sua famosa gravura *Forêt vierge du Brésil*.

Algumas das sépias de Clarac retornaram de Paris, posteriormente, para a coleção Castro Maya, compradas do possuidor René Heron de Villefosse, que nos informara possuir meia dúzia. Castro Maya reproduziu, em 1965, as duas adquiridas na sua luxuosa publicação *A Muito leal e heróica cidade...*

De Johann Jacob Steinmann e de Carlos Linde a Livraria Kosmos reeditou, há anos, *Souvenirs de Rio de Janeiro*, cuja edição original data de 1839, e o *Álbum do Rio de Janeiro*, publicação de 1860, contendo o panorama e 12 vistas coloridas tiradas do natural. Ambos com estudo introdutório de Lygia da Fonseca Fernandes da

Cunha, os dois focalizando paisagens cariocas. Lembremos ainda a obra de Benjamin Mary, primeiro diplomata belga no Rio de Janeiro, que teve por "hobby" a aquarela, o qual deixou boa documentação, principalmente das matas fluminenses, hoje dispersa pelo Brasil e pela Alemanha.

De nossas pesquisas, ainda inéditas, fizemos uma comunicação no Simpósio de História da Regência, realizado no Arquivo Nacional em agosto de 1974, posteriormente publicada na *Revista do IHGB*, n? 307, de 1975, sob o título "Pesquisas sobre Benjamin Mary, diplomata - aquarelista; e Louis van Houtte, botânico, belgas que estiveram no Brasil regencial". O Banco Ítalo-Belga SA, de Bruxelas, também em 1974, editou um belo álbum, *Desenhos antigos dos arredores do Rio de Janeiro (B. Mary, peintre de la flore brésilienne)*, com prefácio do embaixador Barão Paternotte de la Vaillé e introdução de Gilberto Ferrez. Esteve ele aqui de 1834 a 1839.

O Instituto Histórico e Geográfico, em edição bilíngüe, com estudo de Enéias Martins, divulgou em álbum: *Tropical sketches from Brazil, 1840*, de Paul Harro-Harring, Rio de Janeiro, 1955, num conjunto de 24 estampas litografadas de paisagens fantasiosas e de costumes fluminenses.

De 1844 há o belo panorama do Rio de Janeiro, de Planitz, em litografia publicada no livro de Eugenio Rodriguez, *Descrizione del viaggio a Rio de Janeiro della flotta di Napoli*, publicado em Nápoles.

Um pouco antes, em 1837, de Frederico Briggs, há um panorama do Rio de Janeiro, em quatro belas estampas, publicadas em Londres, em volantes.

Em 1965, foi reeditado o álbum de Adolphe d'Hastrel *Rio de Janeiro ou Souvenirs du Brésil*, editado originalmente em 1859, com breve comentário de Gilberto Ferrez.

A Livraria Kosmos reeditou em fac-símile, em 1974, a obra de Henry Chamberlain, *Views and costumes of the city and neighbourhood of Rio de Janeiro*, original de 1822, em edição limitada, de 360 exemplares, reproduzindo 36 gravuras coloridas e introdução biográfica de Joaquim de Sousa-Leão.

Mais recentemente, temos de Newton Carneiro o li-

PROFISSOES.

José Pereira Leitão, r. Formosa, 145.
Leopoldo Luiz de Salmon, r. da Assembléa, 45.
Luiz Antonio Mesquita Falcão, do *Jornal do Commercio*, r. do Atterrado, 120.
Luiz José de Murinelly, do *Jornal do Commercio*, 5, r. do Cattete, 24.
Manoel José Perᵃ da Silva Velho, professor de Tachygraphia e Stenographia.

Pintores de paisagem e Retratistas. [469.

A. A. de Souza Lobo, r. d'Assembléa, 48. (Vide Notabilidades.)
Antonio Alves do Valle (desenho a lapis), r. dos Ourives, 77.
Agostinho da Motta, 6, (Retratos e paisagens), r. das Flores, ou Academia
    das Bellas Artes, e Lycêo de Artes e officios.
Agnelo Agostini, r. do Ouvidor, 52, 1º andar.
A. de Pinho, lad. do Seminario, 10.
Carlos Luiz do Nascimento, 3, 6, (retratos), r. do Visconde do Uruguay,
    (Nictheroy), ou na Academia das Bellas-Artes.
Emilio Bauch.
Francisco Viriato de Freitas, (retratista a oleo e miniatura), r. dos Pescadores.
F. Tribiani, 3, r. do Hospicio, 73.
H. N. Vinet, 6, (paisagem a oleo) r. da Quitanda, 27.
J. Mill, 4, largo da Sé, 26, 2.º andar.
João Maximiano Mafra (retratos), r. do Hospicio, 236.
Joaquim Insley Pacheco (paisagem), r. d'Ouvidor, 102.
Joaquim da Rocha Fragoso (retratista de S. A. o Sr. Conde d'Eu), r. dos
    Ourives, 187, sobrado.
José B. B. Galvão, r. da Carioca, 66.
José Thomaz da Costa Guimᵉˢ (retratos sobre marfim), r. do Ouvid., 102, sobr.
Julio Le Chevrel, 6, (Retratos) Academia das Bellas Artes.
Manoel Luiz Regadas, recados por escripto, r. do Principe, 45 (Cajueiros.)
Nicoláo Facchinetti, com gabinete especial de vistas do Brasil, pintadas a oleo
    do natural, r. da Quitanda, 15. (Vide Notabilidade.)
Vicente de Moraes Pereira Mallio, pr. de D. Pedro I, 30.
Poluceno Pereira da Silva Manoel, 6, (Retratos), r. de Gouçalves Dias, 55.
Victor Meirelles de Lima, 3, 6, Academia das Bellas Artes, ou Lycêo de
    Artes e officios.

BRAZÕES D'ARMAS.

Luiz Aleixo Boulanger, mestre de escripta e geographia da Familia Imperial, e escrivão da nobreza e fidalguia do Imperio, familiarisado com os
trabalhos heraldicos, encarrega-se de solicitar do governo de S. M. o Imperador licença para o uso de Brazões d'Armas, fazer as cartas de nobreza
e fidalguia, os desenhos conforme os appellidos, ou compôr armas novas, r.
dos Barbonos, 69.

T. Tribiani, 3, r. do Hospicio, 73.

Estatuarios. [470.

Luiz Giudice, Almoxarifado do Paço.
Candido Caetano de Almeida Reis, r. d'Almeida, 196.
Francisco Manoel Chaves Pinheiro, 6, na Academia das Bellas-Artes e r.
    das Flôres, 62.
Quirino Antonio Vieira, 6, r. dos Invalidos. 112.
Severo da Silva Quaresma, no Paço Imperial, junto á portaria das Damas.

Almanaque Laemmert, *de 1869, p. 498: Relação dos "Pintores de paisagem e Retratistas". Entre 22 artistas encontramos: "Nicolau Facchinetti, com gabinete especial de vistas do Brasil, pintadas a óleo, do natural, Rua da Quitanda, 15 (Vide Notabilidades)".*

vro *Rugendas no Brasil*, da mesma editora, onde aparecem, além do texto, 143 reproduções em branco e preto, mais 12 em cores, grande parte delas exibindo paisagens brasileiros (Rio, 1979), numa edição limitada.

Evidentemente, por uma lei natural, as paisagens fluminenses atingem seus preços mais altos no antiquariato e nos leilões cariocas, igualmente os álbuns de suas imagens.

Bertichen — *Rio de Janeiro e seus arrabaldes* — foi objeto de uma luxuosa edição fac-similada, com texto de Gilberto Ferrez, de 48 gravuras; W. G. Ouseley — *Views in South America...* — também em edição fac-símile, com texto de J. Sousa-Leão e, finalmente, *Landseer*, com 145 magníficos desenhos do artista da Missão Stuart ao Rio de Janeiro, reproduzidos do seu original inédito *Sketchbook,* de 1825-1826, são mais três belos exemplos de divulgação a nível de colecionador ou bibliófilo, de raras e famosas obras, todas em edições limitadas e inacessíveis aos estudiosos e ao público em geral.

O Rio de Janeiro e arredores, por sua beleza natural excepcional, sempre exerceu atração sobre artistas locais ou itinerantes. Igualmente a Amazônia, por seu exotismo.

Gilberto Ferrez, em 1954, para as comemorações do Tricentenário da Restauração Pernambucana, preparou a *Iconografia do Recife — Século XIX*, assim como Newton Carneiro dedicou um trabalho à Iconografia Paranaense, em 1950.

A *Agenda Olivetti 1980* foi ilustrada pela obra pouco conhecida de Hercule Florence, desenhista da Expedição Langsdorff, com texto de Pietro Maria Bardi, onde podemos, em algumas paisagens, anotar a sua preocupação com os efeitos do sol, da chuva, das nuvens, como lembra também o autor.

De José dos Reis Carvalho lembremos "en passant" suas vistas urbanas cearenses, hoje guardadas no Museu Histórico Nacional, tendo merecido uma divulgação de Gustavo Barroso, em artigo ilustrado da revista *O Cruzeiro*, e duas aquarelas do Museu Nacional de Belas Artes, de vistas cariocas.

Em São Luís do Maranhão e em Belém do Pará, pelas décadas de 1860 a 1880, atuou o desenhista, cenógrafo e pintor Joseph Léon Righini, italiano, radicado posteriormente em Belém, onde faleceu em 1884.

É um dos melhores documentaristas da paisagem urbana belenense, da qual executou uma série de doze litografias, hoje raridades, bem como é autor de dois magníficos desenhos da paisagem do porto de Belém, do qual pintou a óleo diversas versões. Conhecemos uma na Reitoria da Universidade Federal do Pará, uma na sede do jornal *A Província do Pará* e mais uma na coleção Paulo Geyer, no Rio de Janeiro, vinda de Hamburgo, em princípios de 1980, após a conhecermos por correspondência do seu ex-dono. Há anos estamos a pesquisá-lo. Em *A Província do Pará*, de Belém, divulgamos uma nota em 17 de fevereiro de 1980: "Joseph Léon Righini, documentarista do Pará e do Maranhão". Ian de Almeida Prado possui uma cromolitografia do mesmo porto. Publicamos em Belém (*O Liberal*, de 8 de fevereiro de 1981) um artigo: "A volta ao Brasil de uma tela de Joseph Léon Righini".

Na evolução da paisagem brasileira, não podemos omitir o nome de Vítor Meireles de Lima, um grande paisagista que o ensino e as encomendas oficiais, de gênero histórico, desviaram. Antes de matricular-se na Academia das Belas Artes, em 1847, já denotava sua tendência para a paisagem urbana nas vistas do Desterro. Suas obras iniciais: *Primeira missa* e *Moema*, revelam o paisagista. Mais tarde, *A Batalha dos Guararapes* e o *Combate naval do Riachuelo* confirmaram-no, embora na vida profissional fosse ainda mui solicitado pela retratística.

No final da vida, voltou à paisagem, de que há excelentes estudos pintados ou simples desenhos no acervo do Museu Nacional de Belas Artes, quando idealizou pintar o gênero Panorama, ainda em voga nas grandes exposições internacionais. Aprendera algo com o professor Félix-Émile Taunay e teve, no primeiro, a colaboração de Henri Langerock, pintor belga. Compôs ele três grandes panoramas circulares, um pintado em 1886 em Ostende, na Bélgica; o primeiro representa o Rio de Janeiro numa tarde de julho, observado do alto do Morro de Santo Antônio; o segundo, a *Entrada da esquadra legal na baía do Rio de Janeiro*, em junho de 1894 e, finalmente, o terceiro, a *Primeira missa no Brasil*, obra que comemorou o quarto centenário do descobrimento do Brasil, em 1900, quando foi exposto, com o pintor já na faixa dos sessenta e oito anos. Foram obras muito trabalhosas, gigantescas, que findaram destruídas, em 1910, pela incúria dos homens, após sua morte, abandonadas em galpões desabrigados da Quinta da Boa Vista. Dele restaram os oito estudos panorâmicos do Museu Nacional de Belas Artes, que, em 1963 e 1964, concentramos numa única sala de exposição, no ambiente antigo da biblioteca, dado o seu valor de conjunto.

Na Academia, Vítor Meireles lecionou Pintura Histórica entre 1862 e 1890 e Paisagem em 1878, 1879 e 1884. Antes de Vítor a cadeira de Paisagem teve como titulares Nicolas-Antoine Taunay (1816-1821, que não chegou a lecionar); Félix-Émile Taunay (1824-1851, que substituiu seu pai); August Müller (1851-1860); Agostinho José da Mota (1860-1878). Depois de Vítor, sucederam-no João Zeferino da Costa (1878-1881, 1882, 1885); Leôncio da Costa Vieira (1881, logo falecido); Georg Grimm (1882-1884); Rodolfo Amoedo (1889-1890) e Antônio Parreiras (1890).

Com a reforma de 1890 a Escola Nacional de Belas Artes passou a oferecer duas cadeiras de Pintura, sem especificá-las como na Academia.

A última grande contribuição iconográfica da litografia no Rio de Janeiro foi dada pela obra de Ribeyrolles, litos baseados nas fotografias de vistas por Victor Frond.

Já na metade do século XIX a fotografia no Brasil adquiria grande importância na sociedade. São inúmeros os velhos álbuns de família e numerosas as vistas urbanas ou rurais. Excelente amostra é o álbum organizado por Gilberto Ferrez, catálogo da exposição circulante "Pioneer photographers of Brazil", exibida na América do Norte e no Brasil entre 1976 e 1977. O fotógrafo Marc Ferrez notabilizou-se no fim do século XIX e princípios do XX pela qualidade de suas vistas, paralelamente a outros fotógrafos da mesma época.

Seio de Abraão na Ilha Grande
desenho — 1898 — a.c.i.d.
Coleção Napoleão Figueiredo (Belém, PA)

20

A paisagem dos pintores nos meados do século XIX seguia a tradição romântica e naturalista e era dos gêneros mais expostos nos Salões.

Dentre os bons paisagistas da época podemos apontar August Müller e Agostinho José da Mota, também professores da Academia que os formou; o último com aperfeiçoamento em Roma.

De formação estrangeira, mencionemos Henri-Nicolas Vinet, francês, autor de uma bela série fluminense. Discípulo de Corot, com uma pintura vigorosa e realista, conhecia bem o "métier" e estudava ao ar livre. Durante vários anos, de 1860 a 1879, foi expositor nas Exposições Gerais e está a merecer, com justiça, as honras de uma retrospectiva. Em 1976, levantamos a sua obra exposta nos Salões, numa tentativa de sugerir uma mostra comemorativa do centenário de seu falecimento.

De Agostinho José da Mota fizemos uma pesquisa, ainda inédita, para lembrar também o centenário de sua morte, ocorrido em 1978 e que, aliás como o de Vinet, passou em brancas nuvens.

Dentre outros paisagistas podemos apontar a inglesa Maria Graham, o suíço Louis Buvelot, o belga Henri Langerock, colaborador de Vítor Meireles no seu primeiro Panorama do Rio de Janeiro, Eduardo de Martino, especializado em marinhas documentárias de navios e de fastos navais, os portugueses Joaquim Insley Pacheco e Augusto Rodrigues Duarte, os alemães Bernard Wiegandt, Hagedorn e Hildebrandt, o francês Etienne Auguste Mayer, o austríaco ou húngaro Louis Czerni, ainda pouco conhecido e estudado. Apenas Buvelot tem sido objeto de pesquisas de australianos, entre os quais tem a importância de um Debret ou Rugendas para nós.

A magnífica exposição "Artistas Alemães na América Latina", do Instituto Ibero-Americano, de Berlim, mostrou-nos em março de 1980, com excelente catálogo ilustrado, um acervo praticamente inédito de artistas e viajantes cientistas germânicos, como: Rugendas; Maximiliano, Príncipe Zu Wied; Martius; T. Ender; Eduard Hildebrandt; Franz Keller Leuzinger; Hermann Burmeister; Carl Planitz; Friedrich Hagedorn; von den Stein e Otto Grashof, em documentação preciosa, ora de paisagem, ora de etnografia.

Novas concepções da paisagem brasileira

Manuel de Araújo Porto-Alegre, convidado por D. Pedro II, escreveu em fins de 1853: "Apontamentos para a Reorganização da Academia das Belas Artes...", cujo original encontramos no Arquivo Nacional, no fundo da Academia. Sobre a "Paisagem", assim pontificou em sua memória: "Esta aula, nos vinte e quatro anos de ensino que tem, não formou um só paisagista, que mereça este nome, porque nem o professor atual, nem o pensionista que está em Roma aí se formaram. O novo método que atualmente começa a empregar o atual professor há de dar mais algum fruto, e muito maior será quando se executar o programa desta memória. O paisagista é o homem dos bosques, das montanhas e tem a sua galeria, os seus exemplares fora do gabinete onde ele vem somente coordenar e acabar os estudos que fez. Deve saber arquitetura para não desfigurar os edifícios e poder ornar bem as suas composições; deve ter uma tintura de Botânica e conhecer sobretudo a geografia das plantas, para numa composição asiática não colocar o pinho da Noruega, ou pôr no cimo do Chimborazo uma planta do litoral".

Nicolau Facchinetti deve ter acompanhado a evolução da nossa paisagem, principalmente pelas Exposições Gerais e pelo relacionamento com alguns profissionais. Na segunda metade do século XIX a paisagem tende a ser estudada e, mesmo, feita fora do ateliê, segundo as novas idéias de amor à natureza e as concepções do Naturalismo e, no último terço do mesmo, do Impressionismo, nascido na França, preocupado com os problemas da luz e seus efeitos.

Em face do ensino acadêmico, predominavam as Escolas Romântica e Neoclássica idealista. Só lentamente o Realismo e o Impressionismo chegam à Academia na década de 1880, com o ensino de Grimm, e, no início republicano, com os irmãos Bernardelli, que implantaram uma arte realista e, pouco depois, com Eliseu Visconti, que nos traz, na volta do século, o Impressionismo, ou melhor, um estilo Neo-impressionista e o Pontilhismo, variantes e evolução da mesma escola.

Nas Exposições da Academia predominavam a pintura dita acadêmica, onde o Romantismo e a tradição neoclássica idealista davam o tom, como nos famosos "Salons" parisienses.

Facchinetti deve ter acompanhado esta evolução de pintura de ateliê para a de ar livre, de caráter verista, que foi a empregada por um novo grupo de artistas encabeçado pelo pintor alemão Johann Georg Grimm, abrasileirado para Jorge Grimm, e pelo italiano Giambattista Castagneto, idem para João Batista Castagneto, duas fortes personalidades artísticas de alto gabarito em suas pinturas, ambos fazendo escola e pintando paisagens "au plein air", num hino de amor à natureza.

Grimm, professor da Academia de 1882 a 1884, revolucionou os métodos acadêmicos, levando seus alunos para as praias e para as matas.

Do seu ensino brotaram os talentos paisagistas de Antônio da Silva Parreiras, de Hipólito Boaventura Caron, de Domingos García y Vasquez, de Giambattista Castagneto, de Thomas Georg Driendl, de Joaquim França Júnior e também, mais modesto, o de Joaquim Gomes Ribeiro.

Castagneto, essencialmente um marinhista, adota, no geral, uma pintura clara, de poucas cores, finalmente simplificadas em algumas pinceladas rápidas, precisas e inimitáveis, pintadas, às vezes, diretamente do seu ponto de vista, sentado num banco de embarcação. Do Grupo Grimm, foi o mais independente, deixando uma obra numerosa, hoje procurada e valorizada pelos colecionadores, já tendo sido objeto até de falsificação. Oswaldo Teixeira, quando diretor do M.N.B.A.,dedicou-lhe uma excelente exposição em 1944.

Castagneto fez uma pintura impressionista paralela e independente do seu colega Facchinetti, preso ao miniaturismo, quase um híper-realista. Em nada as duas se encontram, a não ser no pintar ao ar livre, no talento de pintor, na sensibilidade individual, um explorando o detalhe, a luz e o colorido em vastas paisagens e panoramas, e o outro, amante do mar, simplificando as formas e as cores, ao máximo, das embarcações perdidas na vastidão marinha ou repousando na praia. Dois artistas que em nada lembram outro talento — Antônio Parreiras, cuja obra pode ser, em parte, ajuizada no Museu a ele dedicado em Niterói e pelos recentes estudos de Carlos Roberto Maciel Levy.

O Grupo Grimm representa, como a Missão Artística Francesa, um capítulo alto da nossa pintura, como, mais tarde, o Grupo da Semana de Arte Moderna e o Santa Helena, em São Paulo, e o Núcleo Bernardelli no Rio.

O pesquisador Carlos Roberto Maciel Levy, após um sério estudo de equipe, sobre o pintor alemão Karl Ernst Papf (1833-1910), revelou o mesmo numa exposição, em junho de 1980, da Galeria Acervo, enriquecida de um belo catálogo. O mesmo estudioso e sua equipe pesquisaram o Grupo Grimm, exposto numa retrospectiva de cunho museológico, realizada na mesma Galeria em outubro-novembro de 1980. Um livro do crítico Maciel Levy documentou a ação pioneira de Grimm, cujo julgamento, como observa Frederico Morais, "em nenhum momento adquire caráter encomiástico..." e que o levou a sintetizá-lo: "Grimm não era artista, pesa-me imenso dizê-lo. Era, no entanto, um grande pintor". Sobre este juízo leia-se Frederico Morais, em sua coluna de *O Globo* de 14 de novembro de 1980. Maciel Levy planejou e coordenou uma exposição — Antônio Parreiras, realizada em junho de 1981, na Galeria Acervo — tendo ultimado um livro sobre o pintor.

Grimm e seus discípulos balizam uma paisagem de sentido inaugural ou renovador na arte brasileira dos fins do século XIX, a qual evoluiu do academismo de fundo clássico e romântico para o Realismo, para o Impressionismo e para o Neo-impressionismo da virada do século.

A este grupo inovador podemos acrescentar ainda vários nomes de paisagistas, como os de Benjamin Parlagreco, de João Batista da Costa, de Gustavo Dall'Ara, de Henrique Bernardelli, de Carlos Balliester, de Henrique Tribolet, de Benno Treidler, de Aurélio de Figueiredo, de Virgílio Lopes Rodrigues, de Ana da Cunha Vasco e de Maria da Cunha Vasco, atuantes no Rio de Janeiro; de Teles Júnior e Arsênio Silva, de origem pernambucana, este último miniaturista e introdutor da pintura a guache entre nós; de Benedito Calixto, atuante em São Paulo, seu Estado natal; de Pedro Weingartner, gaúcho atuando em seu torrão.

O Museu Nacional de Belas Artes revalorizou, mais recentemente, em exposições, a obra pouco conhecida dos paisagistas Mário Navarro da Costa, carioca, marinhista e colorista, Aluizio Valle, fluminense, autor de cenas de cais, e Adolfo Alvim Menge, carioca, com suas paisagens pós-impressionistas, em miniaturas.

Mas os nomes culminantes da fase pós-Facchinetti são as grandes figuras de João Batista da Costa, Antônio Parreiras e Eliseu Visconti, mais valorizados hodiernamente, marcos da paisagem brasileira, o primeiro chegando a 1926, o segundo a 1937 e o último a 1944.

O acervo pictórico da paisagem brasileira, além de várias mostras retrospectivas cariocas, já levou também São Paulo a promover outras. Além da que se viu na II Bienal de São Paulo, em 1953, uma foi organizada pelo Museu de Arte Moderna "50 anos de Paisagem Brasileira", de que há uma apreciação na revista *Habitat*, nº 27 (fev. 1956) e, mais recentemente, outra — "A Paisagem Brasileira" — que reuniu, numa retrospectiva, bons exemplos da evolução do gênero, selecionados no colecionismo paulista, dos membros da Sociarte, onde Facchinetti enriqueceu a mostra com sete telas, aliás todas da fase fluminense. São dos colecionadores Abraão Zarur, Agnaldo de Oliveira, Elias Antônio Zogbi, Marcos Zarur Derani e Maurício Pontual Machado. Um rico catálogo, a cores, registra a memória desta Exposição temática.

Cremos, nesta rápida projeção, ter chamado a atenção sobre o papel expressivo da Paisagem na Arte Brasileira, principalmente no século XIX, em sua evolução constante. Nela devemos incluir ainda, com justiça, mais um mestre apaixonado por ela, entre tantos: Nicolau Antônio Facchinetti, conforme veremos ao longo deste estudo, o qual se caracterizou por sua posição singular de intérprete da paisagem brasileira, num miniaturismo inusitado e, talvez como Grimm, mais pintor do que artista, mas de valor artístico indiscutível em muitas de suas telas, a par de um primoroso registro iconográfico, de valor documentário.

Facchinetti participante das Exposições Gerais da Academia Imperial

No limitado meio artístico fluminense, a quase única manifestação de Artes Plásticas eram as Exposições Gerais da Academia Imperial das Belas Artes, nas quais participavam artistas locais e estrangeiros, residentes ou de passagem.

Na época da chegada de Facchinetti, as Exposições Gerais começavam a entrar na rotina social e artística da Corte. Fundadas em 1840, realizaram-se anualmente até 1850. graças aos esforços do seu criador Félix-Émile Taunay.

Aposentando-se Taunay, os sucessivos diretores não conseguiram manter, por múltiplas razões (obras no prédio, falta de obras de arte, verbas, etc.), a rotina anual. Passaram a um ritmo irregular, apesar das determinações estatutárias de rotina bienal, mas num crescendo de qualidade e quantidade de obras expostas.

Rarearam no fim do Império; por exemplo, as duas últimas foram as de 1879 e de 1884, aliás as mais importantes, num universo de 26 Salões (1840-1884). Fracassou a tentativa de um Salão em 1887 e, também, em 1889.

Nicolau Facchinetti, no ano seguinte à sua chegada ao Rio de Janeiro, procurou integrar-se no meio artístico. Estreou na 11ª Exposição Geral, em 7 de dezembro de 1850, expondo três *Aquarelas*, de assunto desconhecido, que, aliás, não impressionaram.

Alguém, "Z", a 17 de dezembro, pelo *Jornal do Comércio*, criticou a Exposição, na qual sentiu a ausência de vários nomes considerados então, e não gostou muito da paisagem de Agostinho da Mota que veio a vencer o Prêmio de Viagem daquele ano de 1850.

Continuando, o crítico disse saltar sobre "as aquarelas do Sr. Facchinetti" e pelas "miniaturas do Sr. Cipriano", para chegar a Krumholz: "sem tirar nem pôr, o melhor retratista que tem vindo ao Rio de Janeiro". Esta referência a Facchinetti, aliás pouco lisongeira, é a primeira crítica que encontramos focalizando o jovem artista italiano, então com 26 anos, mas cuja fama surgiria com o tempo e com julgamentos favoráveis da crítica e do público.

Poucos dias depois, alguém, sob o pseudônimo de "Vale", assina longa crítica com louvores mil a Krumholz, elogios a Le Chevrel e a Lopes Cabral, mil parabéns a Bethencourt da Silva, censuras a Chaves Pinheiro e Louis-Auguste Moreau, mas enaltecendo François-René Moreau, pois suas composições são "(...) mui belas", e de Borely diz "(...) que não deve passar em silêncio". E não se esqueceu de mencionar uma composição de retratos da Sr.ª Rosa de Mota e alguns trabalhos de Correia de Lima, François-René Moreau, Sousa Leão e João Maximiano Mafra. Também não gostou "Vale" dos três Facchinetti expostos. "Achei-lhe dureza e nenhuma graça", mas gostou das miniaturas de L. Cipriano. Uma segunda crítica...

Às Exposições Gerais seguintes, nos anos de 1852, 1859, 1860 e 1863, Facchinetti não compareceu. Qual a razão? Não sabemos.

Voltou em 1864 na 16.ª Exposição Geral, explorando o gênero Retrato, expondo oito, infelizmente não os especificando, hábito de então, aliás, excetuando-se os da Família Imperial. Acrescentou um desenho a pena, *Uma Vista de Teresópolis*, local mais tarde objeto de numerosas produções suas e onde morou, também, algum tempo.

Desta feita foi mais feliz: o júri da Exposição concedeu-lhe uma Menção Honrosa, "(...) pelo retrato n.º 18" (quem seria?), como igualmente, a D. Josefina Houssay.

Ainda voltou no ano seguinte, fevereiro de 1865, com um *Retrato*, sendo novamente distinguido pela Academia, que lhe concedeu uma Medalha de Prata, conforme parecer da Congregação da mesma "(...) pelo retrato n.º 22", não sabemos de quem. A mesma medalha outros expositores também receberam: Maria José de Almeida, Van Nyvel & Guimarães, José Maria dos Reis e Gregório Henriot.

Não compareceu à Exposição Geral de 1866, mas retornou na de 1867, quando expôs o *Retrato do Sr. Luís de Sousa Breves* e mais um *Retrato* não personalizado.

Também não se apresentou em 1868, mas voltou na 21.ª Exposição Geral de 1870 com duas paisagens, conforme indicação no catálogo:

"84. *Vista tomada do aqueduto de Santa Teresa*. Pertence ao Ilm.º Sr. Comendador Frederico de Oliveira Roxo.

85. *Vista da Fazenda do Barreto na cidade de Maricá*. Pertence ao Ilm.º Sr. João Gomes Ferreira."

Igualmente feliz foi Facchinetti nesta Exposição. O júri, formado por João Maximiano Mafra, Ernesto Gomes Moreira Maia, Pedro Américo de Figueiredo e Melo e Antônio de Pádua e Castro, em seu parecer de 9 de junho de 1870, assim sentenciou: "O Sr. Nicolau Facchinetti, que lançou-se agora no estudo da pintura de paisagem, expôs duas belíssimas vistas tiradas do natural. A condição imposta por seu autor ao mandar os seus trabalhos para a exposição, de que não seriam julgados por isso que não queria ele, por esta vez, concorrer aos prêmios, não permite à Comissão tecer os louvores que seus trabalhos merecem, nem propor a recompensa com que devia a Academia galardoar um distinto e modesto autor".

A Comissão igualmente elogiou as paisagens de Mill, que julgou merecedor de uma medalha de ouro, bem como alguns estudos de Júlia de La Bourdonnais Gonçalves Roque, e Julieta Guimarães, merecedora de menções honrosas.

Sobre este Salão o professor Alfredo Galvão escreveu um artigo, "Julgamento da Exposição de Belas Artes de 1870" (*Arquivos da Escola de Belas Artes*, XIII, 1967), onde se transcreve este curioso documento da crítica coeva. Também são curiosos os julgamentos das demais Exposições Gerais. Reunidos num volume, espelhariam um retrato da crítica oficial do Segundo Reinado, conforme seus princípios estéticos. Fica a idéia.

Por duas vezes Facchinetti esquivou-se dos júris das Exposições Gerais, embora expondo, por razões que desconhecemos, isto nos anos de 1870 e de 1890.

Pelas breves considerações, antes citadas, do júri, receberia ele uma premiação.

Apresentou-se Facchinetti igualmente ao Salão de 1872 com:

"143. *A Praia de Copacabana, tomada do Arco de Leme*. Encomenda de sua Alteza Imperial a Princesa D. Isabel e de seu Augusto Esposo o Sr. Conde D'Eu.

144. *O Hospício de D. Pedro II, Niterói e a Serra dos Órgãos: vista tomada do Arco do Leme*. Encomenda de sua Alteza Imperial e do seu Augusto Esposo o Sr. Conde D'Eu.

145. *Praia da Saudade e de Botafogo — Vista tomada do Morro de S. João, na proximidade de Forta-*

24

leza. Encomenda de Ilm.º Sr. Harrah.''

As duas primeiras pertencem ao Príncipe D. João de Orléans e Bragança.

Retornando em 1875, na 24.ª Exposição Geral, exibiu nosso pintor três paisagens, não localizadas, sendo uma em ''grisaille''.

Não compareceu ao Salão de 1879, mas sim ao seguinte, o de 1884, a mais importante e a última Exposição Geral do Segundo Reinado.

Mandou nada menos de 15 telas, todas de paisagens: ''232. *Teresópolis. Serra dos Órgãos*. Propriedade de S.A. a Sr.ª Princesa Imperial.

233. *Entrada da baía do Rio de Janeiro*. Propriedade do Sr. Barão de Quartim.

234. *Arrabalde ocidental do Rio de Janeiro, vista do Grande Hotel de Santa Teresa*. Propriedade da Exm.ª Sr.ª Amélia Coutinho de Faria.

235. *Cascata Fischer, em Teresópolis*. Propriedade da Exm.ª Sr.ª D. Teresa Rosa Monteiro de Barros.

236. *Cascata Soledade — em Teresópolis*: Propriedade da mesma Senhora.

237. *Rio de Janeiro, entrada do porto e suas montanhas, na proximidade da Boa Viagem*. Propriedade do Sr. Mariano Luís da Silva.

238. *Fundo da baía do Rio de Janeiro, vista da Rua do Russel*. Propriedade do mesmo Sr. doutor.

239. *Saco do Catimbau na ilha do Paquetá*. Propriedade da Exm.ª Sr.ª D. Eponina de Sousa Ferreira.

240. *Petrópolis. Rua de D. Afonso*. Propriedade da Exm.ª Sr.ª D. Maria Bibiana Araújo Lellis e Silva.

241. *Serra dos Órgãos na várzea de Teresópolis*. Propriedade de um distinto amador.

242. *Barreira do Rio Soberbo, às faldas da Serra dos Órgãos*. Propriedade do mesmo senhor.

243. *Lagoa de Rodrigo de Freitas, da estrada da Gávea*.

244. *Vegetação de adorno*.

245. *Rio de Janeiro, da estrada de Petrópolis*. Propriedade do Sr. Manuel da Costa Franco.

246. *Serra dos Órgãos, da ilha de Paquetá*. Propriedade do mesmo senhor.''

Neste Salão cresceu de prestígio o nome de Facchinetti, que chegava então aos 60 anos. Pelo conjunto, em 1885, recebeu os elogios do crítico Félix Ferreira em seu livro *Belas Artes — Estudos e apreciações*, onde o julga ''(...) paisagista de largos traços, febril, impressionista...'' e prefere ''(...) os quadrozinhos do Sr. Facchinetti às grandes paisagens do Sr. Grimm''. Carlos da Silva Araújo, que possuiu uma paleta pintada por Facchinetti (*Vista de serras de Teresópolis*), tratando deste famoso Salão, o 26.º do Segundo Reinado, assim se expressou: ''Em 1884 expôs 15 trabalhos: suas paisagens inconfundíveis. Entre elas a *Lagoa de Rodrigo de Freitas, da estrada da Gávea*, hoje no Museu Nacional de Belas Artes''.

Foi ele adquirido em 1885, para o acervo da Pinacoteca da Academia, por 500 mil-réis, conforme relação para as compras, apresentada à Congregação da mesma, em 6 de fevereiro, preparada por Vítor Meireles de Lima, relação de montante exíguo face às aquisições então desejáveis, aliás aprovada em sessão da Congregação, no dia seguinte.

Sobre este quadro manifestou-se assim Ângelo Agostini, em seu periódico *Vida Fluminense*: ''Magnífico de tom e de luz. (...) É o melhor quadro que tem pintado o distinto panoramista''.

A respeito do n.º 244, *Vegetação de adorno*, um trecho do nosso Passeio Público, exclamou entusiasmado: ''Bravo! É o trabalho mais perfeito que temos visto em cabelo''. Nele aparece uma das agulhas de pedra ainda existentes.

No conjunto exposto de 1850 a 1884, em oito Exposições Gerais, exibiu Facchinetti trinta e quatro obras suas, sendo 11 Retratos, 19 Paisagens a óleo, mais um Desenho (Paisagem) e três Aquarelas.

A partir de 1865 apresentou unicamente paisagens.

Numa exposição particular de 1886

Rodolfo Bernardelli, em outubro de 1886 apresentou, na Imprensa Nacional, um conjunto notável de obras remetidas da Itália por seu irmão, o pintor Henrique Bernardelli, as quais causaram grande impacto na crítica e no público em geral, pelo tratamento realista, para um ambiente social e artístico mais afeito à tradição acadêmica e romântica. Sobre ela pode-se consultar a *Revista Ilustrada*, de Ângelo Agostini, n.ºs 441, 442 e 444, de outubro, novembro e dezembro de 1886.

A este conjunto, Rodolfo Bernardelli acresceu algumas telas de Facchinetti, das quais o crítico "X", da seção "Belas Belas" da mesma revista, então sentenciou: "Parece-nos inútil falar desse simpático artista, já tão conhecido do nosso público. Estamos convencido de que ele encontrará apreciadores, pois que em matéria de arte há gostos para todos os gêneros. O sistema de pintar do Sr. Facchinetti pertence a ele só; em qualquer galeria de quadros de algum amador fluminense, e ainda mesmo colocado muito alto, com toda a facilidade se dirá: 'Aquilo é um Facchinetti'".

Carlos da Silva Araújo, em seu trabalho "Ângelo Agostini e o Salão de 1884", publicado no *Boletim de Belas Artes* (n.ºs 23 a 36, 1946 e 1947), nos capítulos I, IX e X, trata de Facchinetti e também reproduz o juízo supra de "X", mas, citando Agostini, Silva Araújo acrescentou então: "Ainda de Facchinetti, há pouco tive ocasião de ver na sacristia da Igreja do velho povoado bicentenário sul-mineiro de São Tomé das Letras belíssimo trabalho seu, tela de uns dois metros de altura por um de largura. É um retrato do finado Barão de Alfenas, datado de 1876. O Barão de Alfenas foi um benemérito do velho arraial setecentista". Era ele Gabriel Francisco Junqueira (1º Barão de Alfenas).

Encerrou-se a exposição em 5 de dezembro de 1886.

Facchinetti nas exposições gerais republicanas

De 1885 a 1889, fim do Segundo Reinado, a Academia, apesar de haver tentado, não conseguiu realizar mais nenhuma Exposição. Em 1887 concebeu-se uma, mas cancelou-se a idéia por falta de verbas.

Em 1890, às vésperas da Reforma Benjamin Constant, que substituiu a Academia Imperial das Belas Artes pela Escola Nacional de Belas Artes, houve a sua última mostra, inaugurada em 26 de março. Neste pouco conhecido Salão, anterior à série iniciada pela Escola, Facchinetti expôs quatro quadros:

"112. *Itapuca* — do Sr. Nicolau Facchinetti, italiano, naturalizado, residente na Capital Federal."

"113, 114 e 115. *Paisagens da serra de Teresópolis. Do mesmo.*"

Conforme informação de Laudelino Freire, em *Um Século de Pintura* (fascículo VII), Rio de Janeiro, 1916, Facchinetti e Rodolfo Bernardelli declararam não concorrer a prêmios, pelo que seus trabalhos não foram apreciados pelo júri da Exposição.

As Exposições Gerais da Escola Nacional de Belas Artes iniciam-se somente em 1894. Neste Salão, Facchinetti concorreu, como em 1884, com 15 quadros, n.ºs 96 a 110, sendo quatro com a colaboração de sua discípula Maria Agnelo Forneiro (n.ºs 99 a 102). Ei-los:

"96. *Boa Vista, no alto da estrada de Teresópolis.*

97. *Serra dos Órgãos.*

98. *Vale do Quebra-Frasco (Teresópolis).*

99. *Serra dos Órgãos.*

100. *Casa do Sr. Reginaldo Tootal, Cosme Velho (Laranjeiras).*

101. *Cascatas do Rio Abraão (Ilha Grande).*

102. *Lagoa Rodrigo de Freitas, vista da estrada da Gávea.*

103. *Cascata sobre o Rio Paquequer (Teresópolis).*

104. *Chalé do Exm.º Sr. Augusto J. Vieira, no vale do Quebra-Frasco (Teresópolis).*

105. *Aurora nos pincaros da Serra dos Órgãos (Teresópolis).*

106. *Praia de São Roque (Ilha de Paquetá).*

107. *Itapuca (S. Domingos, em Niterói).* Colaboração com a Exm.ª Sr.ª D. Maria A. Forneiro.

108. *Praia de Icaraí (S. Domingos, em Niterói).* Colaboração com a Exm.ª Sr.ª D. Maria A. Forneiro.

109. *Tamarind Lodje (S. Domingos, em Niterói).* Colaboração com a Exm.ª Sr.ª D. Maria A. Forneiro.

110. *Praia de Icaraí (S. Domingos, em Niterói).* Colaboração com a Exm.ª Sr.ª D. Maria A. Forneiro.

Houve outra edição de catálogo, com os mesmos

26 quadros, mas numerados de 88 a 102.

Facchinetti não participou das Exposições Gerais da Escola Nacional de Belas Artes de 1895, 1896, 1897, 1898 e 1899, mas reaparece expondo na VII Exposição de 1900, aliás pela última vez. Exibiu:

"70. *Fenômeno vegetal*. Reprodução fiel, pintada do natural, deste fenômeno vegetal (citado por Martius na Flora Brasileira) que por longos anos foi admirada na Rua Hadock Lobo, cocheira. Tanto a figueira brava como o coqueiro, morreram em 1889 (n. do A.)."

Este texto se encontra no verso da tela, que pertence hoje ao Museu Nacional de Belas Artes.

O conjunto exposto de 1890 a 1900, exclusivamente de paisagens, atingiu 20 pinturas.

Somamos assim, nas Exposições Gerais da Academia e da Escola de Belas Artes, um conjunto de 54 obras, com predomínio da paisagem, com 39 pinturas a óleo, 3 aquarelas, mais 11 retratos e 1 desenho.

Dois bilhetes para uma exposição

No arquivo da Escola de Belas Artes, numa pasta de "cartas", encontramos dois bilhetes de Facchinetti dirigidos a Rodolfo Bernardelli, diretor da Escola Nacional de Belas Artes, convidando-o bem como aos demais professores para visitarem uma exposição, em sua residência, do seu curso, na qual também haveria trabalhos de Maria Agnelo Forneiro, sua discípula. Os dois bilhetes, datados de 15 e de 24 de janeiro de 1898, estão escritos em italiano, e o artista trata Bernardelli como seu velho amigo. No primeiro bilhete convida e, no segundo, insiste, ao não ser logo atendido, avisando-o do seu término no domingo seguinte, isto é, a 29 de janeiro.

Infelizmente, apesar das buscas nos jornais, não encontramos notícias da mesma.

Facchinetti no *Almanaque Laemmert*

Como já referimos, Facchinetti aparece pela primeira vez, no famoso e utilíssimo *Almanaque Laemmert*, em 1850.

De fato, na p. 301, na lista dos Pintores de paisagens e Retratistas, é um dos 20 nomeados, aliás como pintor de retratos, morando em São Cristóvão.

No ano seguinte, p. 304, é um dos 22 relacionados, sob a mesma lista, mas residindo na Rua de Matacavalos.

O *Almanaque* de 1852, entre 22 artistas sob o mesmo título, situa-o em São Domingos, em Niterói, endereço mantido nos anos de 1853 (p. 371) e de 1854 (p. 379).

Não constou ele nos *Almanaques* de 1855 a 1865. Qual a razão desta ausência de onze anos?

Voltou à relação dos Pintores de paisagens e Retratistas no *Almanaque Laemmert* de 1866, entre 13 colegas. Na ocasião declara dois endereços: Rua do Catete, n.º 253, e Rua dos Ourives, n.º 46 (p. 459), direções que se repetem na relação de 1867, ao lado de outros 14 profissionais.

Em 1868, o *Almanaque* registra-o morando na Rua da Quitanda (p. 479). Neste mesmo ano seu nome consta da lista de Professores de Desenho e Pintura.

No *Almanaque Laemmert* de 1869 (p. 498), consta: "Nicolau Facchinetti, com gabinete especial de vistas do Brasil, pintadas a óleo do natural, r. da Quitanda, 15. (Vide Notabilidades.)" Na p. 56, na "Revista das Notabilidades Profissionais e Industriais", anexa ao mesmo *Almanaque*, encontramos um anúncio de página inteira, em seis línguas e com tabela de preços. Reproduzimo-lo em ilustração.

Na p. 500, vemo-lo ainda anunciado na lista de Professores de Desenho e Pintura no mesmo endereço.

No *Almanaque* de 1870, o anúncio de página inteira se repete, suprimida, entretanto, a lista de preços ("Revista das Notabilidades", p. 26). Na p. 483, repetem-se as referências do ano anterior, no grupo dos Pintores de paisagens e Retratistas, enquanto, mais adiante (p. 485),

Ladeira de Gloria nº 15 – 15 – 1 – 98

Rodolfo

È di mio preciso dovere invitar te e tutti i professori della Scuola di Belle Arti per vedere la modesta esposizione del nostro corso, come consta dall'accluso biglietto.

Una buona stretta di mano

del tuo vecchio
N. Facchinetti

28 aparece no grupo dos Professores de Desenho e Pintura, particularizando "desenhos e pintura a óleo".

O *Laemmert* de 1871 repete as referências de 1870, mas situa-o na Rua do Ouvidor, 40A, entrada pelo Beco das Cancelas. No mesmo ano e endereço, Rua do Ouvidor, 40, consta na lista dos Professores de Desenho e Pintura.

Em 1872, repete o *Almanaque* (p. 502) as referências de "Pintores e Retratistas" anteriores, em dois endereços: Quitanda, 40A, e Retratos à Rua do Ouvidor, 20, 2.º. Como professor de desenhos e pinturas menciona Rua do Ouvidor, 40.

Em 1873 e 1874, não encontramos o artista no *Almanaque*, mas volta no de 1875.

Neste ano, os Pintores de paisagens e Retratistas eram:
Alfredo Jorge Eugênio Seelinger
Antônio Alves do Vale
Antônio Araújo de Sousa Lobo
Cândido Mondaini
Carlos Luís Nascimento
D. Elisabeth Henninger
Fábio Trebiani
H. de Gadora
João Maximiano Mafra
Joaquim Insley Pacheco
Júlio Balla
Melquíades José da Fonseca Júnior
Nicolau Facchinetti, R. do Ouvidor, 33, e R. do Passeio, 26
Poluceno Pereira da Silva Manuel
Rocha Fragoso
Sousa Lobo
Vicente Pereira Mallio.

A relação dos Professores de Desenho, Pintura, Bordados, etc. (p. 651), enumera:
Henrique Nicolau Vinet
João José Alves
João Maximiano Mafra
Bacharel Manuel Luís Regadas
D. Maria Filomena Graça de Melo
Ourique Lusitano
Poluceno Pereira da Silva Manuel

Quintino José de Faria
D. Sofia Selma Parreiras.

O *Almanaque* de 1876 registra (p. 698) Facchinetti entre os Pintores de paisagens e Retratistas, com endereço na Rua do Ouvidor, 33, referência repetida no ano de 1877 (p. 647), mas Rua do Ouvidor, 31, nos de 1878 (p. 652) e de 1879 (p. 672).

Em 1878 e 1879 não aparece como professor.

Nos *Laemmert* de 1880 e 1881, Facchinetti esteve ausente.

Retorna no de 1882, na lista dos Pintores de paisagens e Retratistas, abaixo relacionados, com dois endereços (p. 574): Rua do Ouvidor, 138, e Rua Guanabara:
Alberto Henschel
Ângelo Agostini
Antônio Araújo de Pinho Carvalho
Augusto Petit
Brás Inácio de Vasconcelos
Cândido Mondaini
Estevão Roberto da Silva
Francisco Hilarião
J. Alexandrino de Oliveira
João Maximiano Mafra
João da Rocha Fragoso
Joaquim Insley Pacheco
José Maria de Medeiros
Nicolau Facchinetti
Pedro José Pinto Peres
Poluceno Pereira da Silva Manuel
Vasco José da Costa e Silva
Vicente Pereira Mallio
Vítor Meireles de Lima.

Facchinetti é um dos 23 nomes da relação dos Pintores de paisagens e Retratistas no *Laemmert* de 1883 (p. 765), repetindo o endereço do ano anterior, assim como no de 1884 (p. 833), onde consta da relação dos Pintores de paisagens e Retratistas. No mesmo ("Notabilidades", p. 1897), anuncia: "Nicolau Facchinetti. Peintre de S.A. Le Duc de Saxe au Brésil. Especialidade de vistas do Brasil pintadas a óleo do natural". Seguem-se as traduções para o francês, inglês, alemão, espanhol e italiano.

No *Almanaque* de 1885 (p. 811), na lista dos Pintores

Ladeira da Gloria n° 15 – 24: 1°. 9 8
1898

Rodolfo

Nel dubbio che non ti sia
pervenuto l'invito che, tirai
si a te e a tutti i professori
della scuola nazionale di Belle arti,
di venir cioè: a visitare l'espo
sione dei lavori miei, della figu
rina Maria Tomeiro e quelli
del nostro annunziato corso. Inten
do essere di mio preciso do
vere ripeterlo, dirigendo le pre
senti linee al tuo studio,
avendolo mandato il primo invito
alla ...

... vecchio
Facchinetti

N.B. l'esposizione una fino a
Domenica vegnente

30 de paisagens e Retratistas, lemos: "Nicolau Facchinetti, pintor de S.A. o duque de Saxe, especialista de vistas tiradas do natural". Repete o endereço e o anúncio do ano anterior no anexo "Notabilidades", p. 1897. Nova repetição em 1886 em ambos os casos, precisando o endereço: Recreio da Guanabara, 54E.

Nos anos de 1887, 1888, 1889 e 1890, com mínimas variações, as referências e os anúncios são os mesmos.

Nesta época aparecem artistas associados, como: "Estevão Silva & Pagani, retratistas a óleo, pintores de frutas e paisagens, professores de desenho" e "Meireles & Langerock, panorama da cidade do Rio de Janeiro".

No *Laemmert* de 1891, Facchinetti continua (p. 943): "Especialista de vistas tiradas do natural, R. Guanabara 54E", repetido no de 1892.

De 1893 a 1897, aparece como pintor de "Paisagem" e endereço na R. Guanabara, n.º 54E, em Laranjeiras (atual Rua Pinheiro Machado).

No *Almanaque* de 1898, constam dois endereços: Rua Guanabara, 54E, e Ladeira da Glória, 16, aliás, 15, e o gênero: Paisagem.

Não há registro no *Almanaque Laemmert* de 1899.

Reaparece no de 1900, ano de sua morte. A relação de Pintores de paisagens e Retratistas, então, foi:

Ângelo Agostini
Afonso Melo
Antônio Araújo de Sousa Lobo
Antônio Joaquim Pereira
Antônio Parreiras
Artur Duarte Ribeiro
Augusto Petit
Brás Inácio de Vasconcelos
Miguel Navarro y Cañizares
Carlos Alberto & Filhos
Cunha Júnior
Francisco Carlos Pereira de Carvalho
Isabel
Jacques Lourtalot
João José da Silva
João Ribeiro de Almeida
João de Sousa Monteiro
Joaquim Insley Pacheco
Joaquim José Arede
José de Loy
José Marcondes Pinto Lima Júnior
Júlio Rossi
Nicolau Facchinetti, paisagem, R. Guanabara, 54E — Laranjeiras, e Ladeira da Glória, 16 (aliás, 15)
P. C. Lamothe
Pereira Neto
Vítor Meireles.

No *Almanaque Laemmert* de 1901, Facchinetti aparece (p. 594) com a mesma referência anterior.

Entre 1850 e 1900, pelo menos, Facchinetti perambulou por uma dúzia de endereços no Rio de Janeiro e em Niterói, registrados no *Laemmert*, onde, aliás, há algumas falhas da sua presença em vários anos. Também residiu em Teresópolis, em época ou épocas que não conseguimos precisar, de onde deixou numerosas paisagens a partir de 1864. Há registros de sua passagem em Minas Gerais (Caxambu e São Tomé das Letras), no Vale do Paraíba pintando fazendas, como Grimm, na Ilha Grande e em Petrópolis. Da Cidade Imperial, dentre outras telas, são dignas de atenção duas paisagens urbanas, documentando sua antiga arquitetura, da década de 1870.

Uma delas representa uma vista da sede da primitiva Padaria Francesa, que funcionou a partir de 1868, vendo-se ao lado direito um jardim ornamentado com repuxo e estátuas de louça do Porto. Ficava na Rua do Imperador, fronteira ao atual Colégio Isabel. No primeiro plano, de perfil, uma carrocinha de padeiro, das que ainda há pouco existiam. Acha-se reproduzida, em branco e preto, no álbum *Iconografia petropolitana* (1800-1890), publicado pelo Museu Imperial em 1955, acompanhada de texto. Na fachada, encimando as portas, as armas imperiais e do Conde D'Eu e, sobre as vergas das mesmas, lê-se: "Antiga Padaria Francesa" e, mais acima, "Fornecedor da Casa Imperial e SS.AA". Pertenceu à Coleção Luís de Miranda Góis e, atualmente, a Horácio de Carvalho.

Segundo a *Iconografia*, a casa representada pertenceu ao Barão de Piraçununga e a época cerca de 1873. Em 1954, fez parte da Exposição "Iconografia de Petrópolis e seus arredores (1800-1887)", organizada por Gilberto Ferrez.

Outra tela importante é uma vista petropolitana, vendo-se o Rio Piabanha ladeado por dois caminhos. Procurou o artista documentar dois prédios de boa arquitetura, um deles avarandado na frente. Assinou e datou 1867. Uma árvore alta, mas esguia, e uma carrocinha da Padaria Francesa à esquerda enriquecem a vista. Faz "pendant" com a tela anterior.

Facchinetti, pintor de Teresópolis

Gilberto Ferrez, em *Colonização de Teresópolis*, no capítulo "Artistas Pintores", menciona Facchinetti como: "(...) o primeiro a descobrir as belezas da serra, passando até a morar numa casinha no caminho que do Alto sai para o Quebra-Frasco. Foi também o artista que nos deixou o maior número de telas daquela região". Menciona o autor as telas, de lá, expostas na Academia em número de oito: uma em 1864 e sete em 1884. Finaliza o autor: "Facchinetti chegou ao Rio em 1849 e cremos que cedo se instalou em Teresópolis, onde pintou durante muitos anos. Conhecemos dele muitas telas desta região em coleções particulares como a do Príncipe Dom João de Orléans e Bragança, Américo Jacobina Lacombe, Sir Henry Lynch (doadas em testamento à Sociedade Brasileira de Cultura Inglesa), Família Guinle, Armando Vieira, Mauro Joppert, Fernando Vidal. Nós mesmos possuímos o quadro exposto em 1884 com o n.º 242 e que pertenceu ao fotógrafo Marc Ferrez; foi executado em 1882".

Outros artistas que pintaram Teresópolis, até 1900, conforme ainda Ferrez, foram Friedrich Hagedorn, F. E. Cox, Agostinho José da Mota, Joaquim Insley Pacheco, Bernardo Wiegandt e Firmino Antônio Monteiro. Teresópolis está a dever-lhes uma exposição retrospectiva.

À relação levantada por Ferrez podemos acrescer, conforme nossos registros anteriores, as telas exibidas na Exposição Geral de 1890, *Paisagens da Serra de Teresópolis* (três). Do Salão de 1894 anotamos mais sete:

"96. *Boa Vista, no alto da estrada de Teresópolis.*
97. *Serra dos Órgãos.*
98. *Vale do Quebra-Frasco (Teresópolis).*
99. *Serra dos Órgãos.*
103. *Cascata sobre o Rio Paquequer (Teresópolis).*
104. *Chalé do Exm.º Sr. Augusto J. Vieira, no vale do Quebra-Frasco (Teresópolis).*
105. *Aurora nos píncaros da Serra dos Órgãos (Teresópolis).*"

Nas Exposições Gerais da Academia e da Escola somam dezoito os quadros de paisagens teresopolitanas. Cremos, entretanto, que este universo seja bem maior, com peças não expostas.

Barão de Alfenas
Igreja de São Tomé das Letras (MG)

Na Exposição Nacional de 1908 apareceu uma tela, *Teresópolis*, sem maiores esclarecimentos no seu Catálogo.

Conhecemos uma tela, *Hotel Higino*, em mãos de sua proprietária, a Sr.ª Viúva Galeno Martins.

Escragnolle Doria, escrevendo sobre Facchinetti, assim expressou sua atração por aquelas paragens: "O sítio da paixão de Facchinetti chamou-se Teresópolis, antiga freguesia de Santo Antônio do Paquequer. Andasse o artista por onde andasse acabava sempre tornando a Teresópolis. Nada surpreendente, pois, mostrarem numerosas telas de Facchinetti a localidade fluminense amada. Quais os remates da beleza de Teresópolis? Para admirá-las e pintá-las dava-se Facchinetti a canseiras no tempo das viagens a Teresópolis por mar até o porto da Piedade, vencida a serra a cavalo ou em liteira até o cimo da outrora fazenda dos Órgãos".

Mais adiante continua Escragnolle: "Conheceu Facchinetti um Teresópolis de cunho ainda selvático, com aspectos de mata virgem, cheia de silêncios e calma de viver. A espaços o povoavam sítios cujos atrativos e cujos habitantes viajantes e excursionistas ilustres memoravam. Agassiz ou Liais, por exemplo". E continuam, pelo mesmo autor, referências ao ambiente que Facchinetti tanto estimou, como: "Tentou sempre a Serra dos Órgãos o pincel de Facchinetti...". Maria Agnelo Forneiro, influenciada por Facchinetti, também fez várias paisagens de Teresópolis, expostas no Salão de 1900, adiante mencionadas.

Facchinetti: características de sua pintura brasileira

Laudelino Freire, em *Um Século de pintura (1816-1916)*, classifica Facchinetti, cronologicamente, como um pintor da época de formação da pintura no Brasil, a qual, aliás, aí, subdivide em três períodos. O nosso pesquisado, segundo ele, pertence ao terceiro período da formação. São integrantes deste grupo: "Agostinho José da Mota, Jean Léon Pallière, Mafra, Francisco Néri, Mendes de Carvalho, Poluceno, Rocha Fragoso, Barandier, Buve-

lot, Krumholz, Cicarelli, Borely, Le Chevrel, Facchinetti, Vinet, François-René Moreau, Louis-Auguste Moreau, Biard, Fleiuss, Francisco Serpa, Paulo Freire, Stalloni, Bellisle, Heaton, Mallio e Carlos Linde". Somatória de artistas, de cunho heterogêneo, cujo maior relacionamento nos parece ser o de ordem cronológica: contemporaneidade.

Na história da pintura brasileira, além dos desenhistas e pintores itinerantes ou de curta estadia, já mencionados em grande parte, e que contribuíram para a Escola Brasileira, podemos apontar, antes da vinda de Facchinetti: Frans Post, Nicolas-Antoine Taunay, Félix-Émile Taunay, August Müller, e contemporâneos da sua presença brasileira: Agostinho José da Mota, Nicolau Vinet, Henri Langerock, Georg Grimm, Thomas Georg Driendl, Hipólito Boaventura Caron, Domingos García y Vasquez, Antônio Parreiras, Giambattista Castagneto, França Júnior, Vítor Meireles de Lima e José Ferraz de Almeida Júnior, todos eles em seus estilos entre o Academismo, o Romantismo e o Realismo. Se se afeiçoou a alguns deles pouco sabemos. Em relação a eles não sentimos nenhuma filiação, pelo contrário. Se na retratística não superou um certo naipe de bons pintores do gênero, fazendo a pintura convencional posada e parecida, que a sociedade e a crítica melhor sentiam e mesmo exigiam, Facchinetti adquiriu em vida renome e popularidade na temática paisagística, expressando-se num estilo muito pessoal reconhecido pela crítica, com algumas restrições. Realizou-se na paisagem, nas vistas e nos panoramas tratados com uma minúcia incomum, do primeiro ao último plano, numa preocupação de registro com excesso de detalhes, embora sem perder a visão de conjunto, e da perspectiva aérea, com preferência para certas fases do dia, como o alvorecer e o entardecer, cujas cores quentes e luzes muitas vezes caracterizam a sua arte de paisagista, ora em grandes painéis, ora em minúsculos retângulos.

A rigor parece conciliar sua dupla visão simultânea: a do conjunto panorâmico com as minudências das partes componentes, sem se preocupar com a sua laboriosa execução.

Fez paisagens urbanas e dos arredores do Rio de Janeiro, de Petrópolis, de Teresópolis e de Angra dos Reis, a par de vistas rurais de fazendas do Vale do Paraíba e de algumas localidades mineiras. Em tudo a preocupação verista de registrar minuciosamente, quer o conjunto, quer o detalhe, que muito apreciavam seus admiradores e clientes, apesar de algumas reservas de crítica ao vê-lo pintar miniaturas a poder de sua visão de lince e execução, dizem, com o emprego de lente. Os imensos panoramas da baía de Guanabara e de São Tomé das Letras são exemplos frisantes do seu miniaturismo aplicado à captação da natureza, que tanto o impressionava.

O espectador das telas de São Tomé das Letras não apreende, a princípio, o seu universo pictórico, inicialmente dominado pelas cores quentes e pela largueza dos horizontes. Em certo instante de análise acaba descobrindo curiosos detalhes tratados como miniaturas. Por exemplo, a minúscula construção aberta e coberta de meia água de palha, onde o pintor se auto-retratou a pintar a imensidão da perspectiva aérea na sucessão infinita de serras e do céu, até o horizonte. Na tela do Museu Nacional de Belas Artes, esta particularidade do imenso espaço do panorama é uma surpresa para o espectador impressionado com o detalhismo do pintor, aqui mais pintor que artista. Era a sua maneira de ver e de sentir.

A luz é uma constante nas suas paisagens, principalmente nos panoramas em que explora os efeitos de tarde ou de madrugada do Rio, de Paquetá ou de Teresópolis.

Não teve a preocupação, aliás comum, de animar a paisagem, como fez Frans Post ou Gustavo Dall'Ara, com seus grupamentos humanos. As paisagens e os panoramas atraem-no como tais, quase despovoados, acentuados pelo seu silêncio. Apenas nos registros urbanos alguns personagens e veículos, como os bondes, nas vistas de Botafogo, da coleção Paulo Geyer, e nas carrocinhas de pao, de Petrópolis, em telas de Horácio de Carvalho.

Minudente ao extremo, preocupava-se em documentar com legendas, no verso dos quadros, dados hoje identificadores e preciosos. Anotava a data, o local, a hora, o cliente e a obsessão constante: "(...) pintado do natural". Entre dezenas destas legendas, várias constantes do nosso texto, citemos uma típica em tela da coleção paulista de Américo Ribeiro dos Santos: "Encomenda do Ilm.º Sr. B. S. Barcelos — Serra da Tijuca tomada de Fábrica de Chitas. Quadro pintado do natural em maio de 1879 (efeito da tarde)". Para o historiador de arte, uma certidão...

Assinava normalmente "A. Facchinetti", seguido da data, quase sempre. Às vezes acrescentava dados complementares em discretos locais da própria pintura.

Gonzaga Duque, em A Arte brasileira (1888) — portanto em vida do artista — deixou-nos este juízo de "Um artista laborioso e de mérito": "No gênero a que se dedicou, a miniatura, não tem atualmente quem possa confundi-lo e empanar-lhe o brilho do nome. Os seus quadros são pintados com um característico e paciente cuidado, coloridos com um esplendor fora do vulgar, desenhados com um escrúpulo extraordinário, quase fatigante". Adiante sentencia: "(...) e o trabalho que, a pouco e pouco, vai-se-nos afigurando melhor, pela habilidade da sua técnica, pelo calor do seu colorido, é, na sua complexidade, mais uma obra de paciência, mais uma prova de infatigável cuidado, do que uma simples obra de arte". Prosseguindo na sua análise, apesar das restrições, Gonzaga Duque reconhece: "A cor é quente, quase sempre exata, bem observada; o desenho minucioso em todos os detalhes, as perspectivas felizmente desenvolvidas, em suma, as suas obras são concluídas com o máximo rigor".

E, finalizando: "Mas Facchinetti é um verdadeiro artista, conhece todos os segredos do desenho e da cor, e, sem pecha para a importância de suas pequeninas telas, substitui a espontaneidade pela fidelidade. Não sou simpático à miniatura aplicada à paisagem, e isso por causa não só da impressão como da personalidade do artista, mas sou obrigado a ver nos trabalhos de Nicolau Facchinetti um mérito relativo, porém firme e inquestionável".

Mais tarde, o grande mestre da crítica brasileira, em seu livro *Graves e frívolos* (Lisboa, 1910), dedicou um capítulo crítico a Nicolau Facchinetti, donde colhemos duas passagens: "A pouco e pouco foi-se aproximando da natureza, dando aos seus trabalhos o mérito da fidelidade, quase o valor de uma estampa botânica. Mas em compensação, melhorava a tonalidade, entrava, como se diz na gíria de ateliê, na cor dos nossos pores-do-sol, dos nossos verdes (...)".

E assim resumia a sua técnica de execução: "Antes

de pintar, ele ia ao local, estudava o ponto, esquadrinhando todos os detalhes. Depois tracejava o motivo em separado, numa página de álbum, numa folha de papel, que lentamente completava. Preparado com esse exato desenho, decalcava-o na tela, a carvão, cobria-o com grafite e terminava fixando-o com tinta comum, por meio de aguda pena de aço.

Uma ocasião, estranhando-lhe eu todo esse lento, meticuloso processo, que anulava a emoção, respondeu-me que o seu interesse era a verdade, quanto mais exata, mais acabada fosse a cópia, tanto maior seria o mérito do seu trabalho (...)".

O crítico "X" (Ângelo Agostini) da *Revista Ilustrada* (nº 441, 23 de outubro de 1886), tratando de uma exposição de Henrique Bernardelli no Rio de Janeiro, assim ajuizou: "Nessa mesma exposição acham-se algumas paisagens do Sr. Facchinetti. Parece-me inútil falar desse simpático artista, já tão conhecido do nosso público. Estamos convencidos de que ele encontrará apreciadores, pois que em matéria de arte há gostos para todos os gêneros. O sistema de pintar do Sr. Facchinetti pertence a ele só; em qualquer galeria de quadros de algum amador fluminense, e ainda mesmo colocado muito alto, com toda a facilidade se dirá: 'Aquilo é um Facchinetti'".

O crítico Félix Ferreira, hoje esquecido, em seu livro *Belas Artes — Estudos e apreciações*, focalizou as produções de Grimm e de Facchinetti, no capítulo "A Exposição Geral de 1884", sentenciando: "Temperamentos opostos, individualidades distintas, idades distanciadas, posto que discípulos ambos, ao que me parece, da escola italiana, alemão um e moço, italiano outro e velho, este mais afeto à nossa natureza, mais conhecedor dos seus segredos, mais entusiasta, talvez, dos seus encantos; aquele mais impressionista das grandes ruínas da história que das belezas naturais, mais estudioso que contemplador, mais dado à ciência da observação que à arte de colorir; cada um, por conseqüência, encarando as coisas de pontos de vista diversos, antípodas mesmo, dão por isso a seus trabalhos o cunho de individualidades tão fortemente acentuadas, que o contraste de uma paisagem do Sr. Facchinetti está justamente no de outra do Sr. Jorge Grimm, e vice-versa".

De Facchinetti adiante declara: "As suas vistas de Teresópolis, Serra dos Órgãos, Cascata da Soledade, Barreira do Rio Soberbo, são verdadeiros idílios da natureza".

Ângelo Agostini, também julgando-o em 1884, ao tratar do panorama da *Lagoa de Rodrigo de Freitas, da estrada da Gávea*, hoje no M.N.B.A., ajuizou: "É o melhor quadro que tem pintado o distinto panoramista". Ante a *Vegetação de adorno*, um trecho do Passeio Público, entusiasmou-se: "Bravo! É o trabalho mais perfeito que temos visto em cabelo".

Em anônimo necrológio, publicado no *Jornal do Comércio* de 17 de outubro de 1900, lemos: "Há, é verdade, certo encanto nos painéis de Facchinetti, mas este é devido principalmente ao seu colorido quente e brilhante, pois que ele nunca pintava senão às horas cálidas e luzentes do dia, às madrugadas cor-de-rosa e às tardes em que o sol esparge, no horizonte, o seu manto de ouro e violeta.

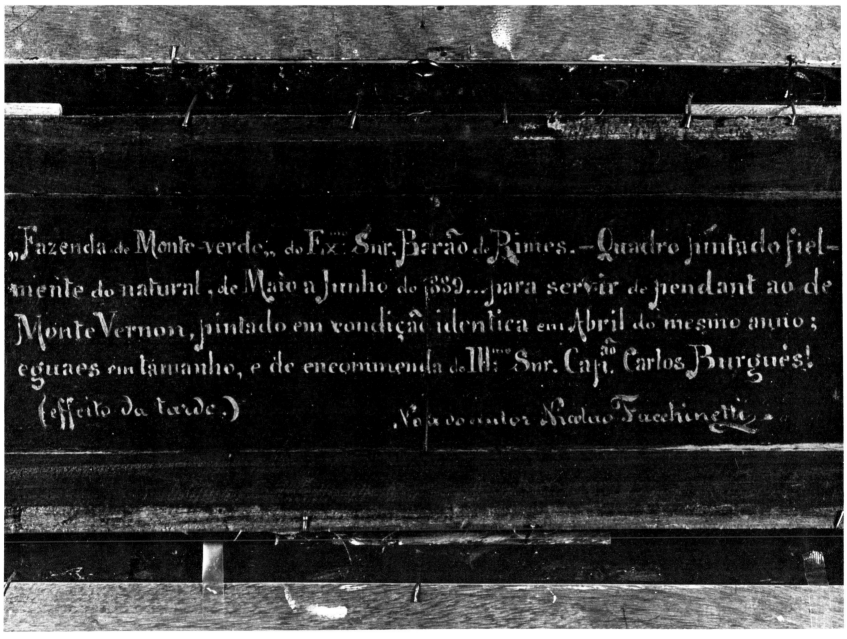

Descrição pormenorizada, no verso dos quadros, do local em que foram executados. Característica de Nicolau Facchinetti.

O seu desenho era correto e meticuloso e, considerando-se a sua maneira, os seus trabalhos não pecavam grosseiramente pela falta de perspectiva. Na sua especialidade tornou-se notável e possuía uma maneira inconfundível, que fazia imediatamente reconhecer os seus trabalhos''.

José Maria Reis Júnior, em sua *História da pintura no Brasil*, dele ajuizou: ''Era um miniaturista de colorido quente e com grande conhecimento da planimetria. Prova a capacidade do seu talento o *Panorama da Guanabara*.

Numa superfície diminuta, encerrou uma visão ampla, em que a preocupação exagerada do detalhe não consegue prejudicar a impressão do conjunto. Facchinetti era dotado da ciência de ambientar, mesmo nos longes, minúcias visíveis apenas com a lente. Reproduzia-as com habilidade tal, que não estorvavam os efeitos da perspectiva''.

Como vemos, um juízo a confirmar outros anteriores.

Facchinetti professor de pintura

Facchinetti, como muitos de seus contemporâneos, foi ainda professor da sua arte. Não conhecemos a sua formação européia ou os seus estudos acadêmicos em Veneza. Criando na sociedade fluminense uma boa imagem de pintor, cultor da Paisagem, em breve viu-se a ensinar particularmente a amadores e, cremos, no seu caso, principalmente, amadoras.

Eram freqüentes nas Exposições Gerais as presenças femininas que tinham preferência pela paisagem e pela aquarela, além de óleo.

De informações colhidas soubemos ter tido várias discípulas.

Para ensinar, Facchinetti recorreu ao pronunciamento da Academia, como em certa época se exigiu.

Encontramos no arquivo da Escola de Belas Artes o seu requerimento dirigido ao Conselheiro Gomes dos Santos, diretor da Academia, em 26 de setembro de 1865, do teor seguinte: ''Nicolau Facchinetti, desejando ensinar pública e particularmente a Arte do Desenho visto ter habilitações necessárias, vem respeitosamente pedir a V. Exª para lhe mandar passar Diploma por esta Academia, sujeitando-se o suplicante a qualquer prova, que para o dito fim lhe seja exigida, pelo que P. a V. Exª se digne deferir como requer''.

Em 18 de outubro, o diretor despachou-o para a Seção de Pintura, que, no verso do mesmo documento, assim deu o parecer: ''Em cumprimento do despacho retro temos a honra de informar que ao Sr. Facchinetti, pelo conhecimento que tem exibido nas Exposições Gerais desta Academia, pode ser passado o diploma que requer para poder ensinar pública e particularmente a Arte de Desenho. Academia de Belas Artes, 1º de novembro de 1865''.

Assinaram-no os professores Agostinho José da Mota e Vítor Meireles de Lima, parecer aprovado em sessão de Congregação de 16 de dezembro. Facchinetti teve a satisfação de receber o diploma pouco depois, a 28 do mesmo.

Como já vimos, seu nome consta como professor nos *Almanaques Laemmert* de 1868, 1869, 1870, 1871 e 1872.

De 1873 e 1874 não temos indicação de seu professorado, estando ausente no de 1875 e seguintes.

Iniciou o ensino em sua casa, lecionando mais tarde no ateliê da Rua do Ouvidor, nº 40. Daí por diante desaparecê da lista de professores do *Laemmert*. Será que suas andanças pelo interior e as encomendas o impediam de um ensino regular? Ou não precisava mais anunciar? Relacionado no *Almanaque* durante cinco anos, entre seus 44 e 48 anos de idade, cremos que tenha lecionado por período bem maior e até o fim de sua vida. Na coleção da Srª Sílvia Lacerda Martins de Almeida, no Rio de Janeiro, vimos uma paisagem da Gávea, pintada por sua mãe Maria Madalena de Faro, discípula de Facchinetti. Segundo nos informou D. Sílvia, duas amigas de sua mãe, Clarisse Índio do Brasil e Anita Lage, foram igualmente discípulas dele. Possui ela um original de Facchinetti representando o primitivo Hotel Higino de Teresópolis.

Maria Agnelo Forneiro e Henrique Tribolet são os nomes de discípulos de Facchinetti que localizamos em catálogos oficiais.

Maria Agnelo Forneiro, discípula de Facchinetti

Embora lecionando, talvez, desde 1866, Facchinetti, afamado e pintando de um modo "sui generis", se teve alunos e alunas não fez Escola e, se teve muitos discípulos, não foram de talento artístico.

Apareceu-nos, na pesquisa, a partir de 1894 o nome de uma discípula, a pintora Maria Agnelo Forneiro, nascida em Ponta Negra, município de Maricá, e moradora, na ocasião, em Santa Rosa, Niterói.

Estreou ela na Exposição Geral de 1894, com quatro paisagens:

"133. *Casa da Boa Vista em Santa Rosa.*

134. *Alto da chácara da Boa Vista - Niterói.*

135. *Estudo.*

136. *Estudo.*"

Residia então na Rua da Boa Vista, n.º 17. Neste mesmo Salão, Facchinetti expôs 15 quadros. Dentre os 39 expositores, com 213 trabalhos, obteve ela uma menção honrosa.

No ano seguinte, Maria Agnelo Forneiro volta expondo:

"153. *Estudo na Atalaia.*

154. *Tijuca.*

155. *Boa Viagem.*

156. *Paisagem.*"

Esteve ausente das Exposições Gerais de 1896, 1897 e 1898, mas retornou na de 1899, expondo cinco paisagens:

"96. *A Lagoa Rodrigo de Freitas, vista da chácara de D. Alfredo Valdetaro (efeito da manhã).*

97. *Os Dois irmãos, do terraço do Hotel das Paineiras (de manhã).*

98. *Um Canto de jardim do Dr. Francisco Martins Esteves, na Glória (manhã).*

99. *Um Trecho de nossa rua (efeito da manhã).*

100. *Um Trecho da Rua do Russel, visto do jardim de Dr. Esteves.*"

No ano de 1900, expôs nada menos de sete telas:

"137. *Alto de Teresópolis.*

138. *Alto de Teresópolis (manhã).*

139. *Da varanda de nossa casa* (Pertence ao Sr. Visconde de Castro Guidão).

140. *Hotel Bessa (Teresópolis)* (Pertence à Exm.ª Sr.ª D. Anita Cardoso).

141. *Rio Paquequer (Teresópolis).*

142. *Teresópolis (casa de D. Adelaide)* (Pertence ao Sr. Antônio Lopes Zenha).

143. *Teresópolis* (Pertence ao Sr. Bartholdy)".

Também neste Salão expôs Facchinetti, aliás pela última vez, falecendo pouco depois.

Maria Agnelo Forneiro, em 1899 e 1900, dá como seu endereço a Ladeira da Glória, n.º 15, o mesmo, na ocasião, de Nicolau Facchinetti.

Seu gênero foi a paisagem e sua obra é hoje quase desconhecida, possuindo-se apenas vagas indicações.

Dela encontramos breves referências em Laudelino Freire, em Teodoro Braga, no *Dicionário brasileiro de artistas plásticos* do MEC.

É incorreta a informação deste *Dicionário*, na p. 80 do 2.º volume: "De 1875 a 1900 participou das Exposições Gerais", pois apuramos sua estréia no Salão de 1894.

Carlos Rubens, na sua *Pequena história das artes plásticas no Brasil*, capítulo "Pintura Feminina", menciona Maria Forneiro: "(...) aluna de Facchinetti, fazendo a paisagem com certa naturalidade e sentimento".

Talvez não tivesse maior talento.

Após a morte de Facchinetti, a discreta figura da pintora desaparece dos Salões. De Escragnolle Doria, escrevendo sobre Facchinetti na *Revista da Semana*, de 27 de fevereiro de 1937, lemos: "Nos últimos anos de vida acompanhava sempre o velho Facchinetti discípula dedicada, D. Maria Forneiro, Antígone afetuosa do mestre, nada esquenta-lugar no temperamento bem latino ávido de sensação e de passos".

E mais esta referência, que encontramos no necrológio anônimo publicado no *Jornal do Comércio* de 17 de outubro de 1900: "Deixa também uma discípula que lhe soube apanhar a maneira, a inteligência, Sr.ª D. Maria Agnelo Forneiro, irmã de Domício da Gama, e que foi de uma dedicação extrema para o velho nos seus últimos dias".

Finalmente no periódico *Dom Quixote*, n.º 96, de

30 de setembro de 1899, na seção "Belas Artes", topamos com esta passagem: "D. Maria Agnelo Forneiro, discípula do bem conhecido Nicolau Facchinetti, segue com muito sucesso o sistema de pintar do seu apreciado mestre. Apresentou cinco paisagens, n.ºˢ 96 a 100.

Encontramos esta passagem numa crítica referente à Exposição Geral de 1899.

Já nos referimos, anteriormente, ao fato de Facchinetti, na Exposição Geral de 1894, expor quatro telas declaradas de colaboração com sua discípula.

Entrega da mensagem a D. Pedro II, pelo Major Solon, no dia 16 de novembro de 1889.

Gonzaga Duque, em *Graves e frívolos*, tratando do ensino do mestre, assim escreveu: "(...) não houve família rica que deixasse suas habilidosas vergônteas sem algum tempo de estudo sob a direção do velho Facchinetti (...)" e, mais adiante, "(...) destacando-se desse grupo alguns profissionais, entre esses a senhora Maria Forneiro, que mais se aproximou das qualidades do mestre (...)".

Em autógrafo de Facchinetti, de janeiro de 1898, o artista convidava Rodolfo Bernardelli para ver a Exposição do seu curso, nele mencionando Maria Forneiro.

No leilão do Museu Simoens da Silva, de julho de 1957, constou "Maria Forneiro — 3 aquarelas — Tiras de seda com flores".

Sinal de sua popularidade, Facchinetti também era copiado por alguma razão.

Em mãos de D. Gilda Hehl Neiva, conhecemos uma cópia de uma tela de Facchinetti, de 1872, feita pela pintora Thusnelda Hehl, de formação alemã, tela que representa um trecho da Praia Vermelha, voltado para Botafogo, onde aparece a casa do Major Maximiliano Emerich à esquerda, no sopé do Morro da Urca. O original de Facchinetti permaneceu muito tempo com a família de Emerich, que era amigo de Facchinetti. Hoje este original pertence à Coleção Paulo Geyer, tendo estado em exibição no 1º Salão Nacional de Antiguidades, em 1977, no Rio de Janeiro.

Henrique Tribolet, discípulo de Facchinetti

O pouco conhecido pintor carioca Henrique Tribolet, de produção, aliás, reduzida, foi também discípulo do mestre Facchinetti. Teodoro Braga menciona-o em breve verbete, assim como o *Dicionário* do MEC.

Na Exposição Geral de 1896 expôs seis obras:
"76. *Cascata Grande (Tijuca)*.
77. *Panorama da Boa Vista (Tijuca)*.
78. *Trecho da Tijuca*.
79. *Tangerinas* (Pastel).
80. *Vista da Fábrica de chitas*.
81. *Lagoa Rodrigo de Freitas*.

O Museu Nacional de Belas Artes possui dele um óleo sobre tela, *Marinha*, assinado e datado de 1896, medindo 26 × 50 cm, tendo como número de inventário 2753, aquisição de 1959.

No leilão da Primavera - 1980, em novembro, do leiloeiro Ernani de Melo Neto, o lote 105 era um óleo de Tribolet, medindo 40 × 40 cm.

No 1º Salão Nacional de Antiguidades, em abril de 1977, esteve exposto um quadro de Tribolet, *Aterro na Lagoa*, da Coleção Sebastião Loures.

No leilão do Museu Histórico Simoens da Silva, em julho-agosto de 1957, foi apregoada uma tela a óleo de H. Tribolet, lote 1896, *Paisagem com riacho entre duas pedras*.

Os Facchinetti do Museu Nacional de Belas Artes

Embora o MNBA não tenha ainda dedicado a Facchinetti uma retrospectiva, que está a merecê-la, como Agostinho José da Mota, Barandier, Hagedorn, Henrique Bernardelli e outros, figura ele normalmente em suas galerias, nos seus catálogos e guias, bem como tem aparecido em várias exposições temáticas.

Possui o Museu quatro Facchinetti, quase todos de mui boa categoria.

A aquisição mais antiga é a *Lagoa de Rodrigo de Freitas, da estrada da Gávea*, já relacionada no catálogo da antiga Pinacoteca da ENBA, de 1893. De fato, o quadro foi comprado logo após ter sido exibido na Exposição Geral de 1884, conforme uma lista de aquisição preparada por Vitor Meireles de Lima, em 6 de fevereiro de 1885, cujo original ainda existe no Arquivo Nacional, onde o encontramos na pacotilha IE7-43, na Seção do Poder Executivo. O recibo achamos no arquivo da Escola de Belas Artes, passado a 7 de março de 1885.

Para melhor conhecer o acervo do MNBA, estudamos todos os Salões da Academia Imperial das Belas Artes, 26 ao todo, cuja pesquisa apresentamos ao Congresso de História do Segundo Reinado, em novembro de 1975,

40 realizado pelo IHGB e cujos *Anais* começaram a ser publicados em 1981.

Inédita continua igualmente a pesquisa mais ampla, "O mais famoso e o último Salão de Belas Artes do 2º Reinado — A Exposição de 1884". Nele historiamos documentadamente o problema das aquisições para a Academia, hoje no MNBA, entre elas o citado Facchinetti, num conjunto de quase 40 obras.

Dos outros três Facchinetti, um é por doação e os outros dois não conseguimos apurar a procedência.

No *Catálogo geral da pintura brasileira*, de 1968, o Museu assim relacionou-os:

"809. *São Tomé das Letras.*
óleo/tela - 0,522 × 0,920 m.
nº inv. 2068 - doação Maria Amélia Azevedo em 1943.

810. *Lagoa de Rodrigo de Freitas*
óleo/tela - 0,227 × 0,650
nº inv. 2069 - adq. em 1885.

855. *Figueira Brava*
(a) N. Facchinetti, 1897
óleo/tela - 0,547 × 0,495
nº inv. 2070.

812. *Panorama da Guanabara*
(a) N. Facchinetti
óleo/tela - 1,008 × 3,00
nº inv. 2071."

Em diversas mostras temáticas do Museu, Facchinetti, do seu acervo ou por empréstimo de particulares, tem sido exibido:

a) Na Exposição de Paisagem Brasileira (fevereiro de 1944), que nos mostrou:
"39. *Paisagem - Teresópolis* (Coleção Guilherme Guinle).
40. *Boqueirão - Minas Gerais* (Coleção dr. Herculano Borges da Fonseca)."

b) Na Exposição Retrospectiva de Pintura no Brasil, em 1948, Facchinetti esteve representado pela tela *São Tomé das Letras.*

c) Na Exposição de Marinhas (outubro de 1959):
"97. *Paquetá* (óleo), propriedade da Srª Evelyn A. dos Santos Carvalho."

d) Na Exposição Aspectos do Rio (julho de 1965). Nesta mostra o Museu exibiu:
"16. *Panorama da Guanabara*
17. *Lagoa de Rodrigo de Freitas.*

Ambas as telas aparecem reproduzidas, no Catálogo, em branco e preto.

De propriedade particular:
"99. *Serra dos Órgãos, tomada da pedreira em Botafogo.*
óleo/tela - 0,505 × 0,875 (Encomenda do Ilmº Sr. Comendador Frederico Roxo, em 1870)." Pertencia, então, a D. Ruth Coelho de Almeida.

Como já vimos, Frederico Roxo aparece na Exposição Geral de 1870 como proprietário do quadro de Facchinetti, *Vista tomada do aqueduto em Santa Teresa.*

e) Na Exposição "Aspectos da Paisagem Brasileira — 1816-1916" (abril de 1977). Nesta mostra o Museu assim apresentou três de suas quatro telas:

"31. *Lagoa de Rodrigo de Freitas* - sem assinatura
óleo sobre madeira - Dimensões: 0,227 × 0,650 m
Inventário nº 2069. Adquirido em 1885.

32. *Panorama da Guanabara*
Assinatura: canto inferior esquerdo - N. Facchinetti
óleo sobre tela - Dimensões: 1,083 × 3,00 m.

33. *São Tomé das Letras*
Assinatura: centro embaixo
Dimensões: 0,522 × 0,920 m
Inv. 2068 - Oferta de Maria Amélia Azevedo, 1942."

Em recentes publicações oficiais reencontramos o artista sendo divulgado, como no folheto *Museu Nacional de Belas Artes* (1979). A cores, foi reproduzido o *Panorama da Guanabara*, com o seguinte texto: "Nesta obra os detalhes são cuidadosamente tratados a despeito da distância em que se encontram da Ilha Fiscal, motivo principal do quadro".

Na série Museus Brasileiros - 1. *Museu Nacional de Belas Artes* (Rio de Janeiro, 1979), o *Panorama da Guanabara* voltou e enriqueceu este álbum em duas fotos, uma do conjunto e outra do detalhe da Ilha Fiscal.

GALERIA HISTORICA DA REVOLUÇÃO BRAZILEIRA

Proclamação da Republica em o Campo da Acclamação no dia 15 de Novembro de 1889

Proclamação da República, no Campo da Aclamação, no dia 15 de novembro de 1889.

Entre outros paisagistas nele representados, anotamos: Henri Nicolas Vinet, Jorge Grimm, Hipólito Boaventura Caron, Giambattista Castagneto, Antônio Diogo da Silva Parreiras, Pedro Weingartner, João Batista da Costa, Anita Malfatti, José Pancetti, Alberto da Veiga Guignard e Frans Post.

Atualmente, o Museu expõe em sua Galeria Nacional: *Panorama da Guanabara, São Tomé das Letras* e *Lagoa de Rodrigo de Freitas*. A *Figueira Brava* está exposta na Sala da Diretoria do mesmo. Ela foi inicialmente exibida no Salão de 1900, aberto a 1º de setembro. Um texto no verso, característica documentária do pintor, reproduzimo-lo ao tratar do Salão de 1900.

Colaborando em diversas exposições extramuros, o Museu tem cedido, por empréstimo, vários Facchinetti. Para a mostra "O Rio na Pintura Brasileira", promovida pela Secretaria de Educação e Cultura do antigo Estado da Guanabara, em 1961 cedeu a *Lagoa de Rodrigo de Freitas*, exposta entre 29 paisagens.

Para a 2.ª Bienal do Museu de Arte Moderna de São Paulo, em 1953, o Museu enriqueceu a sala especial — A Paisagem Brasileira até 1900 — organizada por Rodrigo de Melo Franco, com as paisagens: *Panorama da Guanabara* e *Lagoa de Rodrigo de Freitas*.

Esta importante tela muito valorizou a Exposição "Grandes Marinhistas Brasileiros", em agosto-setembro de 1980, promovida pelo Serviço de Documentação Geral da Marinha, num conjunto de 39 telas.

Algumas colaborações de Facchinetti

No decorrer das pesquisas sobre nosso pintor, encontramos três pequenas colaborações.

Num álbum de fotografias, na Biblioteca Nacional, Rio de Janeiro, de Georg Leusinger, das quatro raras peças uma é litografia que representa um panorama do Rio de Janeiro visto do mar alto, na chegada à mesma, num trecho da Pedra da Gávea até Niterói, passando pela barra, vendo-se o Pão de Açúcar e, no primeiro plano à direita, algumas pedras. Trata-se de um guache de Ferdinand Keller (cuja assinatura se lê), desenho de Facchinetti, impresso por Goupil & Cie, de Paris.

Mede a parte desenhada 29,4 × 74,8 cm, e é em branco e preto.

No livro *Galeria histórica da revolução brasileira de 15 de novembro*, escrito por Urias Antônio da Silveira e publicado no Rio de Janeiro, em 1890, há 22 retratos e três composições litografadas, mas nenhuma peça assinada. As três composições são: *Proclamação da República em o Campo da Aclamação no dia 15 de novembro de 1889; Entrega da mensagem a D. Pedro II pelo Major Solon, no dia 16 de novembro* e *Partida para o exílio da Família Imperial no dia 17 de novembro de 1889, no vapor Alagoas*.

As duas primeiras estampas estão reproduzidas no livro: *A Muito leal e heróica cidade de São Sebastião do Rio de Janeiro*, editado em Paris, por Castro Maya, em 1965, p. 227, precedidas de um texto, com a declaração de: "Litografias concebidas por Nicolau Facchinetti (...), publicadas no livro de Frias da Silveira: *Galeria histórica...*, nome repetido já em outra publicação". Por engano: "Frias" em vez de Urias.

A rigor, no que podemos apurar, há uma pequena diferença. O próprio autor, Urias Antônio da Silveira, termina o livro com um agradecimento, aliás pouco preciso: "N. Facchinetti e G. Hastoy. A estes dois distintos príncipes da arte de Miguel Ângelo devo a fineza da parte litográfica, por nós concebida e por eles fielmente esculpida na pedra (sic). A tão gentis e distintos cavalheiros um aperto de mão. O autor".

Na contracapa, ao anunciar-se: "Obras do mesmo autor", lemos: "*Galeria histórica da revolução brasileira* que proclamou a república dos Estados Unidos do Brasil, com 22 retratos e estampas litografadas, trabalho dos notáveis paisagistas Facchinetti e Hastoy representando o movimento das tropas na Praça da Aclamação no dia 15, a entrega da mensagem e a partida da família imperial, formando um rico álbum, 1 ex. - 6$000".

Trata-se, pois, de um trabalho a duas mãos: sente-se nos retratos e nas estampas. Quais as peças de cada um? Faltam-nos comprovantes. Sacramento Blake (*Dicioná-*

Partida para o exílio da Família Imperial, no dia 17 de novembro de 1889, no vapor Alagoas

44 *rio bibliográfico brasileiro*, 7.º v.) nos dá o nome certo e completo (Urias Antônio da Silveira), mas cita apenas, além das 22 estampas litografadas de retratos, a "vista do Campo de Sant'Ana quando foi proclamada a República" (o autor intitulou diferente), não mencionando as duas outras. No Museu Imperial há uma reprodução de a *Entrega da mensagem*, em estampa.

Em 1884, estreou no Salão de Belas Artes o artista italiano Generoso Frate, falecido moço pouco depois e aqui aportado havia pouco tempo.

Na revista *A Semana*, n.º 32, de 8 de agosto de 1885, na seção "Belas Artes", lemos: "Pela iniciativa do Exm.º Sr. Cônsul da Itália e do paisagista Facchinetti, foram reunidos todos os bosquejos, desenhos e 'esquisses' que Generoso deixara no ateliê, para, por meio de uma venda, reunir quantia que possa mitigar as necessidades da pobre e velha mãe do artista".

A exposição se deu na casa De Wilde.

"En passant", o autor, que se assina Alfredo Palheta, fala: "(...) no retrato esboçado do Nicolau Facchinetti (...)".

Que fim levou? Ao que parece, Facchinetti foi amigo do jovem pintor seu patrício.

Endereços fluminenses

Facchinetti parece não ter sido conservador no que diz respeito à sua moradia e ao seu ateliê. Depois de chegar ao Rio de Janeiro, um dos seus primeiros endereços foi São Cristóvão, em 1850, passando no ano seguinte para a Rua Matacavalos, hoje Riachuelo. Entre 1852 e 1854, morou em São Domingos, Niterói, mas ignoramos seu endereço entre 1855 e 1866. Em 1867, morava na Rua do Catete, n.º 46, passando no ano seguinte para o Centro, na Rua da Quitanda, n.º 15, onde ficou três anos, mudando-se em 1871 para a Rua do Ouvidor, n.º 40A. A partir de 1872, estabelece-se com residência e ateliê, este último na Rua do Ouvidor, n.º 20 - 2.º. Em 1875-1876, seus dois endereços são Rua do Ouvidor, n.º 33, e

Rua do Passeio, n.º 26, mudando-se em 1877 para a Rua do Príncipe do Catete (hoje Silveira Martins) e Ouvidor, n.º 31, continuando neste último nos anos de 1878 e 1879.

Ignoramos seu endereço em 1880 e 1881; de 1882 a 1897 está na Rua do Ouvidor, n.º 138, e na Rua Guanabara, n.º 54E (ou Retiro da Guanabara), em Laranjeiras, atual Pinheiro Machado.

Finalmente, em 1899 tem seu ateliê na Ladeira da Glória, n.º 15. Seus últimos endereços foram: Rua Guanabara, n.º 54E, e Ladeira da Glória, n.º 15, em 1900.

Desenhos de Facchinetti

São raros os desenhos de Facchinetti, a demonstrarem um "fa presto", pintando "in loco". Conhecemos poucos. Onde encontrá-los?

Encontramos um em Belém, num álbum de família, hoje de propriedade do professor Napoleão Figueiredo, tendo anteriormente pertencido à sua tia-avó, D. Ida Figueiredo Castro, casada com o Capitão de Mar-e-guerra Fernando Xavier de Castro. O desenho, "a crayon", está assinado N. Facchinetti, como era do seu hábito, datado de 1898.

Deu-lhe o título *Seio de Abraão na Ilha Grande*. No primeiro plano à esquerda domina o desenho um grupo de palmeiras à beira da água. Os últimos planos, delicadamente delineados, apresentam a enseada e um fundo montanhoso.

Há referência vaga de um outro desenho em Pernambuco.

Ponto final

15 de outubro de 1900, segunda-feira, foi a data escolhida pela Parca para cerrar os olhos de Facchinetti no Rio de Janeiro, levado depois para o Cemitério de Inhaúma.

No *Jornal do Comércio* do dia 19 encontramos um aviso fúnebre, que muito fala por alguém. Reza ele: "Nicolau Facchinetti — sua discípula Maria A. Forneiro manda celebrar uma missa de sétimo dia por alma do seu velho mestre, segunda-feira, 22 do corrente, às 9 horas, na capela dos Padres Salesianos, em Santa Rosa, Niterói, e desde já agradece a todas as pessoas que a acompanharem nesse ato de religião e caridade".

Na edição de domingo, 21 de outubro, do mesmo jornal, encontramos outro anúncio: "Nicolau Facchinetti — Luiza Facchinetti, Antônio Honestinghel, sua senhora e filho, Alberto S. Malheiro e sua senhora e Luís Pieroni Barbosa convidam as pessoas de sua amizade para assistirem à missa de sétimo dia que será rezada na igreja de São Francisco de Paula, amanhã, segunda-feira, 22 do corrente, às 9 horas, por alma do seu pranteado esposo, tio e padrinho, Nicolau Facchinetti, confessando-se desde já gratos por este ato de religião".

As duas missas na mesma hora e dia, e em locais tão distantes para atos de religião que homenageavam o mesmo artista, revelam duas situações... no ocaso de uma vida.

Neste mesmo ano, a 28 de dezembro, falecia também, no Rio de Janeiro, outro paisagista, um italiano de Gênova aqui radicado, outro artista de grande personalidade, Giambattista Castagneto, bem mais moço: Facchinetti, falecendo com 76 anos, e Castagneto, apenas com 38.

Alguém se comoveu e fez um necrológio de homenagem ao artista. É o que lemos no tradicional *Jornal do Comércio* de 17 de outubro de 1900 e escrito anonimamente.

Dentre alguns juízos, então formulados, copiamos:

"Viajor incansável, percorreu ele quase todos os lugares pitorescos dos Estados do Rio de Janeiro e de Minas, de onde trouxe uma enorme bagagem de quadros, que hoje existem aqui e no estrangeiro, pois que a pintura de Facchinetti, se não era das mais apreciadas pelos artistas e pelos mais apurados em cousas de arte, não deixava de agradar em geral aos amadores. Dedicou-se à miniatura na paisagem, e os seus quadros, trabalhados com um rebuscado farto de pormenores, em que cada árvore, cada tronco, cada galho, cada folha são cuidadosamente pintados, parecem mais obra de um anatomista do que a expressão sincera e franca de uma impressão direta recebida pelo artista (...)".

Mais adiante, acrescenta: "Há, é verdade, certo encanto nos painéis de Facchinetti, mas este é devido principalmente ao seu colorido quente e brilhante, pois que ele nunca pintava senão às horas cálidas e luzentes do dia, às madrugadas cor-de-rosa e às tardes em que o sol esparge no horizonte o seu manto de ouro e violeta.

O seu desenho era correto e meticuloso e, considerando-se a sua maneira, os seus trabalhos não pecavam grosseiramente pela falta de perspectiva. Na sua especialidade tornou-se notável e possuía uma maneira inconfundível, que fazia imediatamente reconhecer os seus trabalhos".

Comete o cronista um engano ao dar-lhe "80 e tantos anos". O artista completara 76 havia pouco mais de um mês.

Facchinetti faleceu no Retiro da Boca do Mato, no subúrbio do Engenho Novo. O autor dá o dia 16 de outubro em vez de 15. Ferreira da Rosa, na *Revista do Arquivo do Distrito Federal* (v. II, 1951), dá o mês de setembro, quando foi outubro.

Recebi do Ex.mo Snr. Conselheiro Dr. Ernesto Gomes Moreira Maia, Vice Director da Academia Imperial das Bellas-Artes, a quantia de quinhentos-mil-reis (500$000) pela qual vendi à mesma Academia o meu quadro representando "A Lagoa de Rodrigo de Freitas" e que figurou na Exposição geral de 1884 sob o n.º 243 do respectivo catalogo.

Rio de Janeiro, 7 de Março de 1885.

Nicolau Facchinetti

Recibo autógrafo de Nicolau Facchinetti, relativo à compra, pela Academia de Belas Artes, do quadro A Lagoa de Rodrigo de Freitas, exposto na Exposição Geral de 1884. Adquirido por 500 mil-réis, em 7 de março de 1885.
O quadro pertence atualmente ao acervo do Museu Nacional de Belas Artes. Inv. n.º 2069.

Bibliografia sobre Facchinetti (em ordem cronológica)

"Movimento do Porto." *Jornal do Comércio*, 17 nov. 1849, RJ.

Almanaque Laemmert (1849-1901, 53 v.). RJ.

"Artisticu's." *Jornal do Comércio*, 13 dez. 1850, RJ.

"Z." *Jornal do Comércio*, 17 dez. 1850, RJ.

"Vale." *Jornal do Comércio*, 21 dez. 1850, RJ.

Notícia do Palácio da Academia Imperial das Belas Artes do Rio de Janeiro. RJ, 1850.

Coleção das leis do Brasil. Decreto n.º 1603, de 14 mai. 1855. RJ.

Academia Imperial das Belas Artes. *Exposição Geral das Belas Artes de 1864*. RJ.

Catálogo das obras expostas no Palácio da Academia Imperial das Belas Artes em 18 de fevereiro de 1866. RJ.

Catálogo das obras expostas no Palácio da Academia Imperial das Belas Artes em 15 de junho de 1867. RJ.

Catálogo das obras expostas no Palácio da Academia Imperial das Belas Artes em 6 de março de 1870. RJ.

Catálogo das obras expostas na Academia Imperial das Belas Artes em 15 de junho de 1872. RJ.

Catálogo das obras expostas na Academia das Belas Artes, Rio de Janeiro, 1875.

Catálogo das obras expostas na Academia das Belas Artes em 23 de agosto de 1884. Rio de Janeiro, 1884 (duas edições).

Palheta, Alfredo (pseud.). "Belas Artes." *A Semana*, n.º 32, RJ, 1885.

Ferreira, Félix. *Belas Artes - Estudos e apreciações*. RJ, 1885.

Palheta, Alfredo (pseud.). "Belas Artes." *A Semana*, n.º 34, 22 ago. 1885, RJ.

Palheta, Alfredo (pseud.). "Belas Artes." *A Semana*, n.º 35, 29 ago. 1885, RJ.

"X." *Revista Ilustrada*, n.º 441, 442, 444, 23 de out., 6 nov., 8 dez. 1886. RJ.

Gonzaga Duque. *A Arte brasileira. Pintura e escultura*. RJ, 1888. Cap. V.

Silveira, Urias Antônio da. *Galeria histórica da revolução brasileira de 15 de novembro*. RJ, 1890. p. 319, grav.

Academia das Belas Artes. *Catálogo* da Exposição Geral de Belas Artes. RJ, 1890.

Escola Nacional de Belas Artes. *Catálogo* explicativo das obras expostas nas galerias da Escola Nacional de Belas Artes. RJ, 1893. p. 35

Escola Nacional de Belas Artes. *Catálogo* da Exposição Geral de Belas Artes. Rio de Janeiro, set. 1894 (duas edições)

Escola Nacional de Belas Artes. *Catálogo* da 2.ª Exposição Geral de Belas Artes. RJ, set. 1895.

Escola Nacional de Belas Artes. *Catálogo* da 3.ª Exposição Geral de Belas Artes. RJ, set. 1896.

Escola Nacional de Belas Artes. *Catálogo* da 4.ª Exposição Geral de Belas Artes. RJ, set. 1897.

Escola Nacional de Belas Artes. *Catálogo* da 5.ª Exposição Geral de Belas Artes. RJ, set. 1898.

"Maje e Teresopolis." *Jornal do Comercio*, 27 jan. 1898.

"Belas Artes." *Dom Quixote*, n.º 96, 30 set. 1899, p. 3.

Escola Nacional de Belas Artes. *Catálogo* da VI Exposição Geral de Belas Artes. RJ, set. 1899.

Escola Nacional de Belas Artes. *Catálogo* da VII Exposição Geral de Belas Artes. RJ, set. 1900.

Anônimo. "Nicolau Facchinetti." *Jornal do Comércio*, 17 out. 1900.

Anúncio Fúnebre. "Nicolau Facchinetti." *Jornal do Comércio*, 19 out. 1900.

Anúncio Fúnebre. "Nicolau Facchinetti." *Jornal do Comércio*, 21 out. 1900.

Escola Nacional de Belas Artes. *Catálogo* da VIII Exposição Geral de Belas Artes. RJ, set. 1901.

Exposição Nacional de 1908. *Catálogo* da seção de Belas Artes. RJ, 1908.

Gonzaga Duque. "Nicolau Facchinetti." In: *Graves e frívolos*. Lisboa, 1910. "Por assuntos de arte", cap. V.

Freire, Laudelino. *Um Século de pintura (1816-1916)*. Fascículos I, VI e VII. RJ, 1916.

Freire, Laudelino. "A Arte da pintura no Brasil." *Revista do I.H.G.B.* (1º Congresso de História Nacional. RJ, 1917.)

Escola Nacional de Belas Artes. *Guia geral das galerias. Pintura-Escultura.* RJ, 1920.

I.H.G.B. *Dicionário do Instituto Histórico e Geográfico Brasileiro.* RJ, 1922. p. 1605.

Ilustração Brasileira, RJ, nov. 1922.

Catálogo geral das galerias de Pintura e de Escultura. RJ, 1923.

Pederneiras, Raul. "O Irredentismo em arte." *Jornal do Brasil*, 20 set. 1924.

Guimarães, Argeu. "História das artes plásticas no Brasil." *Revista do I.H.G.B.* (Congresso Internacional de História da América). RJ, 1930.

Comanducci, A. M. *I Pittori italiani dell'Ottocento.* Milão, 1934 (XII).

Doria, Escragnolle. "Facchinetti." *Revista da Semana*, 27 fev. 1937.

Santos, Francisco Marques dos. "A Sociedade Fluminense em 1852." *Estudos Brasileiros*, n.º 18, p. 194, RJ, 1941.

Coleções Reunidas por Djalma da Fonseca Hermes. Leilão. RJ, jul. 1941.

Morales de los Rios Filho, Adolfo. *Grandjean de Montigny e a evolução da arte brasileira.* RJ, 1941.

Rubens, Carlos. *Pequena história das artes plásticas no Brasil.* São Paulo, 1941.

Morales de los Rios Filho, Adolfo. "O Ensino artístico — Subsídio para sua história. Um Capítulo, 1816-1889." In: *Anais do III Congresso de História Nacional* (I.H.G.B.). RJ, 1942.

Coleção reunida pela Marquesa Elisa Larenas Carvalho. *Catálogo* do importante leilão. RJ, 1942.

Braga, Teodoro. *Para a posteridade. Artistas pintores no Brasil.* SP, 1942.

Reis Júnior, José Maria. *História da pintura no Brasil.* SP, 1944. p. 128, 130.

Museu Nacional de Belas Artes. *Exposição de paisagem brasileira.* RJ, fev. 1944.

Museu Nacional de Belas Artes. *Guia do Museu Nacional de Belas Artes.* RJ, 1945.

Preciosa Coleção Dr. Raul Leite (leilão, leiloeiro Ernani). RJ, set. 1945. p. 19 (lote 96).

Araújo, Carlos da Silva. "Ângelo Agostini e o Salão de 1884. Facchinetti (cap. I)." *Boletim de Belas Artes*, n.º 23, nov. 1946, RJ.

Morales de los Rios Filho, Adolfo. *O Rio de Janeiro imperial.* RJ, 1946.

Rubens, Carlos. "História da arte no Brasil. cap. V, Produtos da missão." *Boletim de Belas Artes*, n.º 14, fev. 1946, RJ.

Araújo, Carlos da Silva. "Ângelo Agostini e o Salão de 1884 (caps. IX e X)." *Boletim de Belas Artes*, n.º 31 e 32, jul. e ago. 1947, RJ.

Barreto, Maria. "Breve notícia sobre a Exposição Retrospectiva da Pintura no Brasil." *Anuário do Museu Nacional de Belas Artes*, n.º 9, 1947-1948, RJ, p. 73.

Catálogo da coleção Francisco Inácio Areal. Leiloeiro Afonso Nunes. Lote 684, p. 40.

"Exposição Retrospectiva de Pintura no Brasil - 1948." *Anuário do Museu Nacional de Belas Artes,* n.º 9, 1947-1948, p. 93.

Leilão Coleção C. B. Moura. RJ, abr. 1949.

Museu Antônio Parreiras - Associação Fluminense de Belas Artes. *Catálogo* da Pinacoteca dos Ayrises, dez. 1950-jan. 1951. Niterói, 1950-1951.

Prefeitura do Distrito Federal. Arquivo do Distrito Federal. *Revista de documentos para a História da Cidade do Rio de Janeiro*, v. II, 1951, RJ.

Anais do Museu Antônio Parreiras, v. I, 1952-1953, p. 265, Niterói.

II Bienal do Museu de Arte Moderna de São Paulo. *Catálogo Geral*, dez. 1953. Sala especial — A Paisagem brasileira até 1900. Organizada por Rodrigo Melo Franco de Andrade. São Paulo, 1953.

Museu Antônio Parreiras. *Relação completa das obras existentes.* Niterói, 1954.

Coleções Baronesa do Bonfim e Galeno Martins de Almeida, leiloeiro Afonso Nunes; junho de 1955, RJ (leilão).

Museu Imperial. *Iconografia petropolitana (1800-1890).* Petrópolis, 1955. p. 16, 202 e 203.

Ferrez, Gilberto. "Um Panorama do Rio de Janeiro, em 1775." *Revista do I.H.G.B.*, v. 233, RJ, 1956.

Museu Imperial. *Pinacoteca do Museu Imperial.* Petrópolis, 1956. p. 50, 259, 260.

Museu Histórico Simoens da Silva. Leiloeiro Ernani, catálogo, lote 855, RJ, jul. 1957.

Museu de Belas Artes. *Exposição de Marinhas,* dez. 1959, RJ.

Leilão da coleção Visconde de Wimertingen. RJ, dez. 1960.

Estado da Guanabara. Secretaria do Estado da Educação e Cultura. *O Rio na pintura brasileira. Catálogo.* RJ, 1961.

Leilão da coleção Campos Seabra. RJ, mai. 1962.

Leilão de arte em continuação ao cinqüentenário do martelo de ouro. RJ, out. 1963.

Museu de Arte de São Paulo. *Catálogo do acervo.* SP, 1963. p. 266.

Galvão, Alfredo. "Julgamento da Exposição de Belas Artes de 1870." *Arquivos da EBA,* XIII, 1967. p. 36.

Museu Nacional de Belas Artes. *Catálogo geral da pintura brasileira.* RJ, 1968. p. 76.

Leilão de arte. Leiloeiro Sebastião Barreto. RJ, mai. 1969.

Pontual, Roberto. *Dicionário das artes plásticas no Brasil.* RJ, 1969. p. 199.

Livraria Kosmos. *Catálogos diversos.* (1969-1981).

Cunha, Lygia da Fonseca Fernandes da (colab. de Cecília Duprat Brito Pereira). *O Rio de Janeiro através das estampas antigas.* Biblioteca Nacional, 1970.

Ferrez, Gilberto. *Colonização de Teresópolis.* Publicações do IPHAN, n? 24. RJ, 1970.

O Grande leilão de outono (Ernani). Coleções J. Hime, Plácido Pinto e Cláudio Mariano). RJ, 1970.

Grande Enciclopédia Delta-Larousse, 1972.

Cavalcanti, Carlos (org.). *Dicionário brasileiro de artistas plásticos.* RJ, 1974. v. 2, p. 121.

Leilão da primavera - 75 (Ernani). RJ, nov. 1975.

Mello Júnior, Donato. As Exposições Gerais da Academia Imperial das Belas Artes. Sua importância artística e a presença de D. Pedro II. Tese aprovada no Congresso de História do Segundo Reinado, promovida pelo I.H.G.B. em nov.-dez. 1975. Inédito (entregue para publicação).

Dois séculos de arte. Leilão. SP, 1976.

Bénézit, E. *Dictionnaire des peintres, sculpteurs,* ... Paris, 1976. v. 4, p. 241.

Maurício Pontual Galeria de Arte. Jóias da pintura oitocentista brasileira. Exposição e vendas. RJ, mai. 1977.

Museu Nacional de Belas Artes. *Aspectos da paisagem brasileira (1816-1916). Catálogo.* RJ, abr. 1977.

Bolsa de Arte - Leilão. Galeria Raschid — I Grande Leilão. RJ, 1979.

Leilão de novembro B-75 Concorde Galeria de Arte.

Bolsa de Arte. Leilão em São Paulo, mai. 1979.

Leon, Ethel. "A Paciente busca do passado." *Arte Hoje,* n? 25, jul. 1979 (Reportagem sobre a coleção Américo Ribeiro dos Santos.)

A Paisagem brasileira (1650-1976). Coleções de sócios da Sociarte. Paço das Artes. SP, 1979.

Fundação Nacional de Arte. Instituto Nacional de Arte. *Museu Nacional de Belas Artes.* Coleção Museus Brasileiros 1. RJ, 1979, p. 60. (Obra magnificamente ilustrada com 17 reproduções de paisagens).

Fundação Nacional de Arte. Instituto Nacional de Arte. *Museu Nacional de Belas Artes.* [Prospecto]. RJ, [1979].

4? grande leilão - Leone. RJ, 1980.

Acervo Galeria de Arte. Leilão de obras de arte selecionadas em pequeno formato. RJ, set. 1980.

Serviço de Documentação Geral da Marinha. *Grandes Marinhistas Brasileiros.* Exposição, ago.-set. 1980, RJ.

Leilão Gianini. RJ, mar. 1980.

Renato Magalhães Gouvêa. Leilões de arte. Venda n? 2. SP, jun. 1980.

Acervo Galeria de Arte. Exposição. *O Grupo Grimm - Paisagismo brasileiro no século XIX.* out.-nov. 1980. Relação das Obras expostas.

Levy, Carlos Maciel. *O Grupo Grimm.* RJ, 1980.

Grande leilão de outono. Espólios Cicero Leuenroth e Carlos da Silva Araújo.

Palácio dos Leilões. RJ, abr. 1980.

Diniz, Jaime. *Notas sobre o piano e seus compositores em Pernambuco*. Recife, 1980.

Leone. 9.º grande leilão. RJ, mar. 1981.

Bolsa de Arte do Rio de Janeiro. Ernani 75 anos. RJ, mai. 1981.

Renato Magalhães Gouvêa. Leilões de arte. Venda n.º 3. SP, jun. 1981.

Grande enciclopédia portuguesa e brasileira. v. II, p. 702, parte complementar. Lisboa, s.d.

Enciclopedia universale dell'arte. s.d. v. XV, p. 273.

Leusinger, George. *Álbum de fotografias*. RJ, s.d. (BN - Arm. 28.5.3)

Cronologia

1824, 7 set. — Nascimento em Treviso, Itália.

1849, 16 nov. — Chegada ao Rio de Janeiro, procedente de Gênova, pelo brigue sardo *Rosa*.

1849, 17 nov. — Notícia pelo *Jornal do Comércio* da chegada de Facchinetti. 1ª referência no Brasil.

1850, 7 dez. — Estréia na Exposição Geral da Academia de Belas Artes, inaugurada por SS.MM.II., expondo três aquarelas.

1850, 17 dez. — Primeira crítica, aliás desfavorável, no *Jornal do Comércio*, por "Z".

1850, 21 dez. — Segunda crítica, também desfavorável, no *Jornal do Comércio*, por "Vale".

1850 — *Almanaque Laemmert:* Primeiro registro como profissional.

1850-1854, 1866-1870, 1872, 1875-1879, 1882-1893, 1895-1898, 1900, 1901 — Consta da relação dos pintores de paisagem e retratistas do *Almanaque Laemmert*.

1864, fev. — Segundo comparecimento à Exposição Geral de Belas Artes (16ª), com 8 retratos e um desenho (de Teresópolis). Obtém Menção Honrosa pelo retrato n.º 18 (não especificado).

1865, fev. — Expõe na 17ª Exposição Geral, obtendo Medalha de prata "pelo retrato n.º 22".

1865, 26 set. — Requerimento à Academia "para ensinar a arte do desenho". Atestaram Agostinho José da Mota e Vítor Meireles (arq. da E.B.A., pasta 22).

1865, 28 dez. — Obtém o certificado de professor.

1867, jun. — Expõe na 19ª Exposição Geral de Belas Artes dois retratos, um deles o de Luís de Sousa Breves e outro não identificado.

1868-1872 — *Almanaque Laemmert:* Aparece na relação dos professores de desenho e de pintura.

1869, 1870, 1883-1886 — *Almanaque Laemmert:* (Notabilidades e Indicador) - Anúncios.

1870, mar. — Expõe, no 21.º Salão de 1870, duas paisagens: *Vista tomada do aqueduto de Santa Teresa* e *Vista da Fazenda do Barreto na cidade de Maricá*. Exclui-se, a pedido, do julgamento.

1872, jun. — Exibe na Exposição de 1879 a *Praia de Copacabana* e *Hospício de D. Pedro II*, de propriedade, então, do Conde D'Eu, hoje do Príncipe D. João de Orléans e Bragança, e *Praia da Saudade*.

1875-1876 — Pinta vários quadros em sua viagem a Minas Gerais: São Tomé das Letras e Caxambu.

1875, mar. — Participa da Exposição Geral, com três paisagens.

1884, ago. — Na 26ª Exposição Geral de Belas Artes, a última do Segundo Reinado, exibiu 15 telas de Teresópolis, Rio de Janeiro, Niterói e Ilha Grande.

1884 — Angelo Agostini focaliza Facchinetti na série de artigos sobre a Exposição Geral na revista *Vida Fluminense*.

1884, 7 mar. — Recibo de aquisição de quadro *Lagoa de Rodrigo de Freitas*, adquirido para a Academia, por 500$000.

1885, 29 ago. — *A Semana:* Notícia de um leque de setim pintado por Facchinetti.

1885 — Félix Ferreira, em seu livro *Belas Artes — Estudos e apreciações*, faz um juízo crítico de Facchinetti ao tratar do Salão de 1884.

1886, out., nov., dez. — Noticiário em a *Revista Ilustrada:* Exposição de Henrique Bernardelli e Nicolau Facchinetti na Imprensa Nacional, promovida por Rodolfo Bernardelli.

1888 — Gonzaga Duque, em *A Arte brasileira*, trata de Facchinetti no cap. V (1860-1870).

1890, mar. — Último Salão da Academia de Belas Artes. Facchinetti expõe 4 obras: uma de Niterói e três de Teresópolis (paisagem).

1890 — *Galeria histórica da revolução brasileira de 15 de novembro*, por Urias A. da Silveira, com agradecimento a Facchinetti e G. Hastoy pelas litografias (3 cenas históricas relacionadas com D. Pedro II e 22 retratos).

1894, out. — Exposição Geral de 1894. O artista expõe 15 quadros, sendo 7 relativos a Teresópolis. Foi a primeira Exposição Geral da Escola Nacional de Belas Artes.

1895, set. — Maria Agnelo Forneiro aparece como discípula de Facchinetti, expondo, no Salão de 1895, o 2.º da Escola, quatro telas.

1896, set. — Henrique Tribolet, discípulo de Facchinetti, estréia na III Exposição Geral de 1896.

1896, set. — A revista *D. Quixote*, n.º 96, refere-se a Maria Agnelo Forneiro.

1898 — Desenho assinado por Facchinetti, *Seio de Abraão na Ilha Grande*. São raros os desenhos de Facchinetti.

1898, 15 e 24 jan. — Dois bilhetes de Facchinetti a Rodolfo Bernardelli, convidando-o para a sua exposição na Ladeira da Glória, 15 (Arquivo da EBA). São raros os autógrafos de Facchinetti.

1899, set. — Maria Agnelo Forneiro expõe, na VI Exposição Geral, cinco telas de assuntos cariocas (paisagens).

1900, set. — Facchinetti participa, pela última vez, da VII Exposição Geral, expondo *Fenômeno vegetal*, hoje no M.N.B.A.

1900, set. — Maria Agnelo Forneiro expõe, na VII Exposição Geral, sete telas paisagísticas de assuntos teresopolitanos.

1900, 15 out. — Falece no Rio de Janeiro Nicolau Facchinetti, sendo enterrado no cemitério de Inhaúma (segunda-feira).

1900, 17 out. — Necrológio de Facchinetti, no *Jornal do Comércio*, não assinado.

1900, 19 out. — Anúncio da missa de 7.º dia mandada celebrar por Maria Agnelo Forneiro *(Jornal do Comércio)*.

1900, 21 out. — Anúncio da missa de 7.º dia mandada rezar por sua esposa Luiza e parentes *(Jornal do Comércio)*.

1900, 22 out. — Missas de 7.º dia, celebradas, uma em Niterói e outra no Rio de Janeiro, ambas às 9 horas da manhã (segunda-feira) *(Jornal do Comércio)*.

ICONOGRAFIA

ABREVIATURAS

a.c.i.d. — assinatura no canto inferior direito
a.c.i.e. — assinatura no canto inferior esquerdo
o/s/cartão — óleo sobre cartão
o/s/madeira — óleo sobre madeira
o/s/prato — óleo sobre prato
o/s/tela — óleo sobre tela
s.a. — sem assinatura
s.d. — sem data

Manuel Teixeira de Souza Júnior
o/s/tela — 1,30 × 0,97 — 1857 — a.c.i.e.
Museu Imperial (Petrópolis, RJ)

Vista da chácara dos Costa Franco
o/s/madeira — 0,17 × 0,14 — 1858 — a.c.i.d.
Coleção Sylvia da Costa Franco de Freitas Guimarães (Rio de Janeiro)

Vista da chácara dos Costa Franco
o/s/madeira — 0,17 × 0,14 — 1858 — a.c.i.e.
Coleção Sylvia da Costa Franco de Freitas Guimarães (Rio de Janeiro)

Edifício da Escola Militar na Praia Vermelha
o/s/tela — 0,52 × 0,81 — 1868 — a.c.i.d.
Coleção Família Sebastião Ribeiro Loures (Rio de Janeiro)

Vista de Botafogo
o/s/tela — 0,57 × 0,80 — 1868 — a.c.i.e.
Coleção Príncipe D. João de Orléans e Bragança (Rio de Janeiro)

Vista da Urca
o/s/tela — 0,57 × 0,80 — 1868 — a.c.i.e.
Coleção Príncipe D. João de Orléans e Bragança (Rio de Janeiro)

Vista da Lagoa de Rodrigo de Freitas
o/s/tela — 1868 — 0,52 × 0,85 — a.c.i.d.
Coleção Paulo Geyer (Rio de Janeiro)

Antiga Padaria Francesa em Teresópolis
o/s/tela — 0,43 × 0,56 — 1869 — a.c.i.e.
Coleção Horácio de Carvalho (Rio de Janeiro)

Antiga Padaria Francesa em Teresópolis
o/s/tela — 0,50 × 0,70 — 1869 — a.c.i.e.
Coleção Horácio de Carvalho (Rio de Janeiro)

Recanto da praia de Icaraí
o/s/tela — 0,28 × 0,56 — 1869 — a.c.i.d.
Museu de Arte de São Paulo

Praia de Botafogo
o/s/tela — 0,51 × 0,87 — 1869 — a.c.i.e.
Museu de Arte de São Paulo

Niterói
o/s/tela — 0,52 × 0,86 — 1869 — a.c.i.d.
Museu de Arte de São Paulo

Petrópolis — Estrada União e Indústria, vista de Samambaia
o/s/tela — 0,53 × 0,80 — 1869 — a.c.i.e.
Coleção Paulo Feyz Zarzur (São Paulo)

Rio de Janeiro
o/s/tela — 0,54 × 0,80 — 1871 — a.c.i.e.
Coleção Ayr de Mello Lima (Rio de Janeiro)

Praia de Botafogo
o/s/tela — 0,70 × 0,57 — 1871 — a.c.i.e.
Coleção Família Sebastião Ribeiro Loures (Rio de Janeiro)

Praia de Botafogo
o/s/tela — 0,70 × 0,57 — 1871 — a.c.i.e.
Coleção Família Sebastião Ribeiro Loures (Rio de Janeiro)

Copacabana
o/s/tela — 0,43 × 0,83 — 1872 — assinado atrás
Coleção Príncipe D. João de Orléans e Bragança (Rio de Janeiro)

Golfo do Leme
o/s/tela — 0,48 × 0,83 — 1872 — assinado atrás
Coleção Príncipe D. João de Orléans e Bragança (Rio de Janeiro)

Serra do Capim
o/s/tela — 0,51 × 0,83 — 1873 — assinado atrás
Coleção Ismar Ramos (São Paulo)

Cascata Brer Debruyer sobre o rio Soberbo
o/s/tela — 0,30 × 0,38 — 1873 — assinado atrás
Coleção Horácio de Carvalho (Rio de Janeiro)

Boqueirão (MG)
o/s/madeira — 0,93 × 0,54 — 1875 — assinado atrás
Coleção José Pompeu de Sousa Brasil Jr. (Rio de Janeiro)

Na Serra da Mantiqueira (Fazenda do Capitão Antônio Francisco de Souza)
o/s/madeira — 0,32 × 0,70 — 1875 — a.c.i.e.
Cultura Inglesa (Rio de Janeiro)

Fazenda do Barão do Rio Preto
o/s/madeira — 0,53 × 0,90 — 3 e 4 de 1875 — a.c.i.e.
Coleção Particular (São Paulo)

São Tomé das Letras entre Baependi e Campanha (MG)
o/s/madeira — 0,29 × 0,70 — 1876 — a.c.i.d.
Cultura Inglesa (Rio de Janeiro)

São Tomé das Letras
o/s/tela — 0,41 × 0,71 — 1876 — a.c.i.e.
Coleção Edmon El Mikui (São Paulo)

Niterói
*o/s/madeira — 0,26 × 0,38 — 1877 — a.c.i.d.
Pinacoteca do Estado de São Paulo*

Serra dos Órgãos no alto de Teresópolis
o/s/madeira — 0,12 × 0,18 — 1877 — a.c.i.d.
Coleção Particular (Rio de Janeiro)

Caxambu (MG)
o/s/tela — 0,80 × 0,60 — 1877 — assinado atrás
Coleção Príncipe D. Pedro de Orléans e Bragança (Petrópolis, RJ)

Fazenda do Barão de Amparo em Vassouras
o/s/tela — 0,60 × 0,97 — 1877 — a.c.i.d.
Coleção Horácio de Carvalho (Rio de Janeiro)

Barreira do rio Soberbo
o/s/madeira — 0,15 × 0,20 — 1878 — a.c.i.d.
Cultura Inglesa (Rio de Janeiro)

Cascata Brer Debruyer
o/s/madeira — 0,15 × 0,20 — 1878 — a.c.i.d.
Cultura Inglesa (Rio de Janeiro)

Casa do Sr. Lengruber na Tijuca
o/s/tela — 0,34 × 0,81 — 1879 — assinado atrás
Coleção Rute Coelho de Almeida (Rio de Janeiro)

Serra da Tijuca (B. S. Barcelos)
o/s/madeira — 0,21 × 0,46 — 1879 — assinado atrás
Coleção Américo Ribeiro dos Santos (São Paulo)

Soledade
o/s/madeira — 0,28 × 0,38 — 1880 — a.c.i.d.
Cultura Inglesa (Rio de Janeiro)

Teresópolis
o/s/madeira — 0,19 × 0,40 — 1881 — *assinado atrás*
Coleção Drault Ernany (Rio de Janeiro)

Ilha de Paquetá
o/s/madeira — 0,24 × 0,63 — 1881 — a.c.i.d.
Coleção Paulo César Pinto da Fonseca (Rio de Janeiro)

Cabeceiras do rio Paquequer
o/s/madeira — 0,36 × 0,26 — 1882 — a.c.i.e.
Cultura Inglesa (Rio de Janeiro)

Pequena cascata por cima da Toca dos Caçadores sobre o rio Paquequer — Teresópolis
o/s/madeira — 0,38 × 0,28 — 1882 — a.c.i.e.
Cultura Inglesa (Rio de Janeiro)

Da Boa Vista
o/s/madeira — 0,24 × 0,35 — 1882 — a.c.i.e.
Cultura Inglesa (Rio de Janeiro)

Vista do Rio de Janeiro da Estrada de Petrópolis
o/s/madeira — 0,20 × 0,47 — 1883 — assinado atrás
Coleção Marcos Zarzur Derani (São Paulo)

Arrabalde ocidental do Rio de Janeiro visto do Hotel Santa Teresa
o/s/madeira — 0,20 × 0,47 — 1883 — assinado atrás
Coleção Marcos Tamoyo (Rio de Janeiro)

Cascata do Itamarati
o/s/madeira — 0,32 × 0,42 — 1883 — assinado atrás
Coleção George Hime (Rio de Janeiro)

Outeiro da Glória
o/s/cartão — 0,15 × 0,19 — 1885/7 — a.c.i.e.
Coleção Família Sebastião Ribeiro Loures (Rio de Janeiro)

Ilha de Paquetá (Chegada da barca)
o/s/tela — 0,22 × 0,70 — 1885 — a.c.i.d.
Coleção Augusto Carlos Velloso (São Paulo)

Mesa do Imperador da Vista Chinesa (José Jerônimo Monteiro)
o/s/madeira — 0,41 × 0,70 — 1885 — a.c.i.e.
Coleção Américo Ribeiro dos Santos (São Paulo)

Da Corte para a Ilha de Paquetá
o/s/madeira — 0,12 × 0,31 — 1886 — a.c.i.e.
Coleção Oscar Americano Neto (São Paulo)

Da Ilha de Paquetá para a Corte
o/s/madeira — 0,12 × 0,31 — 1886 — a.c.i.e.
Coleção Oscar Americano Neto (São Paulo)

Da Ilha de Paquetá para a Corte (Efeito da tarde)
o/s/madeira — 0,11 × 0,30 — 1886 — a.c.i.e.
Cultura Inglesa (Rio de Janeiro)

Da Corte para Paquetá
o/s/madeira — 0,12 × 0,32 — 1886 — a.c.i.e.
Coleção Horácio Ernani de Mello Neto (Rio de Janeiro)

Vista de Paquetá em direção à Baía da Guanabara
o/s/madeira — 0,12 × 0,32 — 1886 — a.c.i.d.
Coleção Horácio Ernani de Mello Neto (Rio de Janeiro)

Baía da Guanabara (Vista da Ilha de Paquetá)
o/s/tela — 0,23 × 0,70 — 1886 — assinado embaixo
Coleção Nelson G. Adóglio (São Paulo)

Enseada da Ilha de Paquetá
o/s/madeira — 0,19 × 0,42 — 1886 — a.c.i.e.
Coleção Particular (São Paulo)

Lagoa de Rodrigo de Freitas
o/s/madeira — 0,26 × 0,61 — 1886 — a.c.i.e.
Coleção Família Sebastião Ribeiro Loures (Rio de Janeiro)

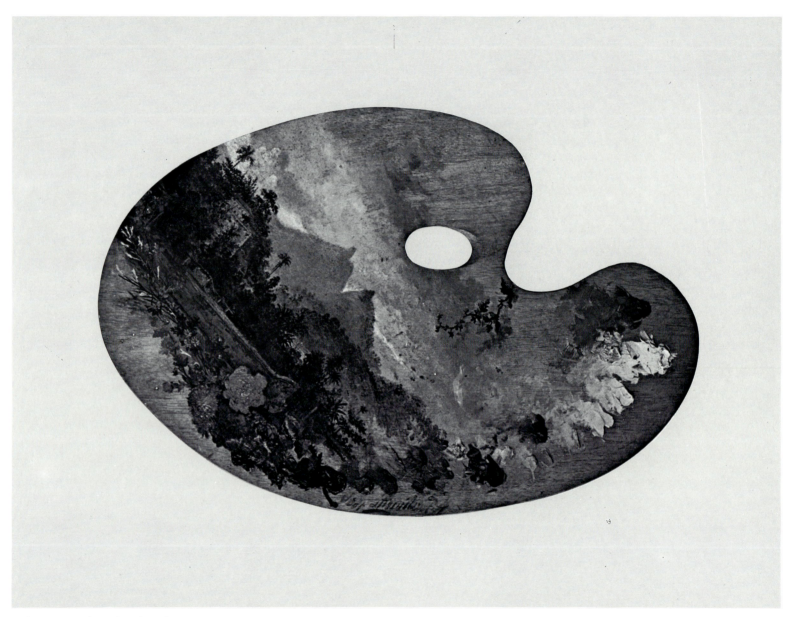

Paisagem (Paleta do pintor)
o/s/madeira — 0,40 de diâmetro — 1886 — assinado no lado direito
Coleção Particular (Rio de Janeiro)

Rio de Janeiro ao anoitecer
o/s/madeira — 0,12 × 0,31 — 1886 — a.c.i.e.
Cultura Inglesa (Rio de Janeiro)

Floresta da Tijuca
o/s/tela — 0,57 × 0,91 — 1886 — assinado no centro
Coleção Família Sebastião Ribeiro Loures (Rio de Janeiro)

Paquetá
o/s/cartão — 0,41 × 0,16 — 1887 — assinado atrás
Coleção Philip Hime (Rio de Janeiro)

Escola Naval de Angra dos Reis
o/s/tela — 0,49 × 1,01 — 1887 — a.c.i.d.
Museu de Arte de São Paulo

Teresópolis
o/s/madeira — 0,44 × 0,70 — 1887 — a.c.i.d.
Coleção Príncipe D. João de Orléans e Bragança (Rio de Janeiro)

Petrópolis
o/s/tela — 0,49 × 0,69 — 1887 — assinado atrás
Coleção Eduardo Antônio Simão (Rio de Janeiro)

Teresópolis
o/s/tela — 0,56 × 0,80 — 1888 — a.c.i.e.
Coleção Horácio de Carvalho (Rio de Janeiro)

Passeio Público do Rio de Janeiro
o/s/madeira — 55,5 de diâmetro — 1888 — a.c.i.d.
Coleção Maria Sílvia de Bulhões Carvalho (Rio de Janeiro)

Casa do Conselheiro Zenha em Petrópolis
o/s/tela — 0,41 × 0,81 — 1888 — a.c.i.e.
Coleção Família Sebastião Ribeiro Loures (Rio de Janeiro)

Retrato de menina
o/s/cartão — 0,55 × 0,36 — 1888 — a.c.i.e.
Coleção Simão Mendel Guss (São Paulo)

Pedra de Icaraí e Itapuca
o/s/madeira — 0,27 × 0,53 — 1889 — a.c.i.d.
Coleção George Hime (Rio de Janeiro)

Fazenda de Monte Verde (Barão de Rimas)
o/s/madeira — 0,61 × 0,24 — 1889 — a.c.i.e.
Coleção Particular (São Paulo)

Fazenda do Ribeirão Dourado
o/s/tela — 0,63 × 0,28 — 8 e 9 de 1889 — a.c.i.d.
Coleção Prof. Edmundo de Vasconcellos (São Paulo)

Petrópolis (Dedo de Deus)
o/s/tela — 0,18 × 0,43 — 1889 — a.c.i.e.
Coleção Abrahão Zarzur (São Paulo)

Petrópolis
o/s/madeira — 0,18 × 0,43 — 1889 — a.c.i.d.
Coleção Abrahão Zarzur (São Paulo)

Teresópolis
o/s/tela — 0,27 × 0,53 — 1892 — a.c.i.e.
Coleção Família Sebastião Ribeiro Loures (Rio de Janeiro)

Vale do Quebra-frascos (Teresópolis)
o/s/tela — 0,47 × 1,00 — 1892 — a.c.i.d.
Coleção Simão Mendel Guss (São Paulo)

Teresópolis
o/s/tela — 0,84 × 0,43 — 1892 — a.c.i.e.
Coleção Verônica Hime (Rio de Janeiro)

Teresópolis
o/s/tela — 0,48 × 1,00 — 1892 — a.c.i.d.
Coleção Sérgio Sahione Fadel (Rio de Janeiro)

Vale do Quebra-frascos (Teresópolis)
o/s/tela — 0,27 × 0,51 — 1893 — assinado atrás
Coleção Ludovico L. Remi (Petrópolis, RJ)

Serra dos Órgãos
o/s/madeira — 0,19 × 0,57 — 1893 — a.c.i.e.
Coleção Particular (Rio de Janeiro)

Vista panorâmica da Guanabara, tomada de Niterói
o/s/tela — 0,25 × 0,83 — 1896
Coleção Agnaldo de Oliveira (São Paulo)

Vista do Rio de Janeiro tomada de Santa Teresa
o/s/tela — 0,74 × 0,94 — 1899 — assinado atrás
Fundação Raimundo Castro Maia (Rio de Janeiro)

Serra dos Órgãos ao amanhecer
o/s/madeira — 0,13 × 0,32 — 1899 — a.c.i.e.
Cultura Inglesa (Rio de Janeiro)

Antigo local da casa grande da fazenda, depois Santa Ana de Paquequer
o/s/tela — 0,13 × 0,37 — 1900 — a.c.i.e.
Coleção Particular (Rio de Janeiro)

Serra dos Órgãos tomada da pedreira em Botafogo
o/s/tela — 0,51 × 0,87 — s.d. — a.c.i.d.
Coleção George Hime (Rio de Janeiro)

Quadros não datados

Paisagem carioca com o Pão de Açúcar
o/s/cartão — 0,16 × 0,22 — s.d. — *assinado atrás*
Coleção Elias A. Zogbi (São Paulo)

Rio de Janeiro
o/s/madeira — 0,11 × 0,26 — s.d. — assinado atrás
Coleção Bento Carlos Procópio de Araújo (São Paulo)

Serra da Mantiqueira com o Pico do Papagaio e a povoação de São Tomé das Letras (MG)
o/s/tela — 0,35 × 0,76 — s.d. — a.c.i.e.
Coleção Oscar Americano Neto (São Paulo)

Ilha de Paquetá
o/s/tela — 0,11 × 0,22 — s.d. — a.c.i.d.
Coleção Família Sebastião Ribeiro Loures (Rio de Janeiro)

Vista da Guanabara
o/s/tela — 0,26 × 0,46 — s.d. — a.c.i.e.
Coleção Nelson G. Adóglio (São Paulo)

Habitação do Barão de Paquetá na ilha deste nome
o/s/madeira — 0,17 × 0,38 — s.d. — a.c.i.d.
Coleção Marcos Tamoyo (Rio de Janeiro)

Vista do Pão de Açúcar
o/s/tela — 0,56 — 0,80 — s.d. — a.c.i.d.
Coleção Paulo Geyer (Rio de Janeiro)

Lagoa de Rodrigo de Freitas
o/s/madeira — 0,22 × 0,65 — s.d. — s.a.
Museu Nacional de Belas Artes (Rio de Janeiro)

Vista da Gávea
o/s/madeira — 0,25 × 0,35 — s.d. — a.c.i.d.
Coleção George Hime (Rio de Janeiro)

Panorama da Guanabara
o/s/tela — 1,00 × 3,00 — s.d. — a.c.i.e.
Museu Nacional de Belas Artes (Rio de Janeiro)

Fazenda dos Alpes (Vassouras)
o/s/tela — 0,41 × 1,05 — s.d. — a.c.i.d.
Coleção Particular (São Paulo)

Teresópolis
o/s/madeira — 0,43 × 0,13 — s.d. — a.c.i.e.
Coleção George Hime (Rio de Janeiro)

São Tomé das Letras (MG)
o/s/madeira — 0,52 × 0,92 — s.d. — s.a.
Museu Nacional de Belas Artes (Rio de Janeiro)

Fazenda de Facchinetti
o/s/madeira — 0,44 × 0,20 — s.d. — assinado atrás
Coleção George Hime (Rio de Janeiro)

Praia do Flamengo
o/s/tela — 0,48 × 0,73 — s.d. — assinado atrás
Coleção Particular (Rio de Janeiro)

Paisagem do Rio de Janeiro
o/s/prato — 16,5 de diâmetro — s.d. — assinado no centro
Museu Imperial de Petrópolis (RJ)

Fotolitos: Repro S.A
Impressão: Laborgraf